BIRGIT BLESSING

Mit Kindern unterwegs

BIOSPHÄRENGEBIET SCHWÄBISCHE ALB

fs

BIRGIT BLESSING

Mit Kindern unterwegs

BIOSPHÄRENGEBIET SCHWÄBISCHE ALB

30 Tagesausflüge für die ganze Familie

fleischhauer & spohn

Birgit Blessing, Jahrgang 1955, lebt in Stuttgart als Geographin und freie Reisejournalistin. Sie veröffentlicht seit vielen Jahren Ausflugsbücher speziell für Familien.

Umschlagfoto: Im Schopflocher Moor
Foto Seite 2/3: Ein sommerliches Bad in der Lauter
Foto Seite 16: An den Gönninger Seen
Foto Seite 61: Im Schopflocher Moor
Foto Seite 119: Bichishausen im Lautertal

Fleischhauer & Spohn steht für die hochwertigen Familienausflugsführer aus dem Silberburg-Verlag.

1. Auflage 2010

Umschlaggestaltung: Christoph Wöhler unter Verwendung einer Fotografie von Birgit Blessing.
Illustrationen: Ann-Kathrin Busse, Pfinztal.
Druck: Grammlich, Pliezhausen.
Printed in Germany.

PEFC
PEFC/04-31-0878
Gedruckt auf zertifiziertem Papier: Förderung nachhaltiger Waldbewirtschaftung – nähere Informationen unter: www.pefc.org

ISBN 978-3-87407-874-0

Inhalt

Vorwort

Weshalb ein Buch für Familienausflüge?

Familienausflüge sollen Spaß machen, den Kindern selbst, aber auch ihren Eltern, Großeltern, Onkeln und Tanten, die zusammen mit Kindern etwas unternehmen wollen. Deshalb muss ein Buch mit Familienausflügen anders beschaffen sein als ein Wander- oder Reiseführer für Erwachsene. Kinder würden ein stures langes Wandern, dessen einzige Attraktion eine reizvolle Aussicht, der Aufenthalt in landschaftlich schöner Umgebung ist, nur sterbenslangweilig finden. Für Kinder muss unterwegs etwas passieren: Wandern ja, aber nicht allzu lange und innerhalb der Wanderung in überschaubaren Etappen, von Ziel zu Ziel. Es muss Zeit zum Spielen, Entdecken und Toben geben. Feuer und Wasser sollten dazugehören: Gerne wird unterwegs Rast gemacht, Würstchen gegrillt oder Stockbrot gebacken und am Wasser, an Quellen und Bächen gespielt. Inzwischen gibt es viele liebevoll spannend gemachte Naturerlebnispfade, die, einem »Überraschungsei« vergleichbar, Spiel und Spannung unterwegs unter einen Hut bringen.
Meist sind diese Naturerlebnispfade auch von überschaubarer Länge. So bleibt viel Zeit, die Augen offen zu halten für all die kleinen Dinge am Wegrand, die es zu entdecken gilt und von denen oft abhängt, dass ein Ausflug als besonders gelungen und schön allen noch lange in Erinnerung bleibt und mehr noch: Lust auf weitere Familienausflüge macht.

Natürlich haben Familien mit kleineren Kindern andere Erwartungen an einen Ausflug als solche mit älteren. In diesem Buch findet sich für alle etwas: Es gibt Ausflüge, die GPS-unterstützt sind – was in allen Freizeitbereichen voll im Trend ist –, Ausflüge mit Inlinern, Mountainbike, zu Pferd und Maultier oder per Boot fehlen ebenso wenig wie Tipps für alle an Geologie (Höhlen und Karst) oder Geschichte (Steinzeitmenschen oder mittelalterlicher Burgenbau) Interessierte.

Der Aufenthalt in der Natur dient Familien in erster Linie zur Erholung und als Freizeitspaß. Doch gerade auf Erlebniswegen bleibt immer auch etwas Information hängen. Das ist gut so, denn nur was man kennt, kann und will man (später) auch schützen.

Wie ist das Buch zu benutzen?

»Mit Kindern unterwegs – Biosphärenreservat Schwäbische Alb« enthält 30 Kapitel, die (meist) einem ganzen

Früh übt sich, wer ein guter Wanderer werden will.

Ausflugstag entsprechen. Oft enthalten sie sogar mehr, als man an einem einzigen Tag als Familie unternehmen kann und will. Das ist Absicht, denn nicht jede Familie hat die gleichen Interessen und die gleiche Altersstruktur. Gibt es aber eine gewisse Auswahl, kann sich jede Familie an den Kapiteln (im Buch »Ausflüge« genannt) orientiert, selbst einen optimalen Ausflugstag zusammenstellen. Überdies lassen sich natürlich fast immer über die Kapitelgrenzen hinweg Ausflugsziele, die nahe beieinanderliegen, miteinander kombinieren. Wo sich dies praktischerweise anbietet, ist auf der Übersichtskarte gut zu erkennen. Und damit dies noch leichter gelingt, haben wir 29 Touren auf die Gebiete »Biosphärengebiet Nord-West«, »Biosphärengebiet Nord-Ost«, »Biosphärengebiet Süd« aufgeteilt, die 30. behandelt grenzüberschreitend mögliche Aktivitäten im Winter.

Alle notwendigen Informationen, die man zur Planung eines Ausflugs vorab benötigt, sind jeweils am Ende eines Kapitels hinterlegt. Es ist immer empfehlenswert, die jeweiligen Öffnungszeiten im Vorfeld eines Ausflugs zu überprüfen. Wo vorhanden, ist immer auf die Internetseite verwiesen. Außerdem sind am Anfang der Kapitel an Symbolen die Besonderheiten des jeweiligen Ausflugs zu erkennen:

Dieser Ausflug ist entweder als Wanderung gestaltet oder eine Wanderung ist in den Ausflug integriert.

Dieser Ausflug eignet sich (in Teilen) auch besonders gut bei schlechtem Wetter.

Dieser Ausflug beinhaltet einen Kindergeburtstags-Tipp.

Das Biosphärengebiet ist ein relativ begrenzter Raum, der in etwa der Mittleren Schwäbischen Alb entspricht. Deshalb werden nur bei außerhalb von Siedlungen, Zielpunkten oder vor Ort unzureichender

Ausschilderung genauere Angaben zur Anreise gemacht.

Da die Ausweisung zum UNESCO-Biosphärenreservat erst in jüngster Zeit erfolgt ist, ist manches noch im Auf- oder Ausbau. Das gilt vor allem für die geplanten 15 Informationszentren.

Alle Angaben können sich nach Drucklegung theoretisch geändert haben. Verlag und Autorin bitten dies zu entschuldigen und um Mitteilung an den Verlag. Allen Kindern und ihren Eltern, die sich im Buch wiederfinden, sei an dieser Stelle nochmals ganz herzlich für ihre Bereitschaft gedankt, sich spontan fotografieren zu lassen und damit zum Gelingen dieses Buchs beizutragen.

Unterwegs mit Bussen und Bahnen im Biosphärenreservat Schwäbische Alb

Auskünfte zum Fahrplan und zu Ausflugszielen erhält man auch über die drei Verkehrsverbünde, die den Personennahverkehr im Biosphärenreservat Schwäbische Alb betreiben: Verkehrsverbund naldo (www.naldo.de) für Biosphärengebiet-Ziele im Landkreis Reutlingen, Donau-Iller-Nahverkehrsverbund (DING, www.ding.eu) für Ziele im Alb-Donau-Kreis und Verkehrs- und Tarifverbund Stuttgart (VVS, www.vvs.de) für Ziele im Landkreis Esslingen. Wer also nur innerhalb eines dieser Verkehrsverbünde unterwegs ist, kann die attraktiven Tagestickets/-karten des jeweiligen Verbundes nutzen, fährt man über die Verbundgrenzen hinweg, hat man mit dem Baden-Württemberg-Ticket der Deutschen Bahn ebenfalls ein preisgünstiges Angebot.

Der 3-Löwen-Takt-Anreisetipp

Das Land Baden-Württemberg ist zuständig für den Nahverkehr und wirbt mit der Landesmarke »3-Löwen-Takt« für die Nutzung von Bussen und Bahnen. Zum Thema Freizeit bietet Baden-Württemberg jede Menge Möglichkeiten. Einige davon sind in diesem Buch beschrieben. Manche dieser Ziele lassen sich bequem, umweltfreundlich und kostengünstig mit Bussen und Bahnen erreichen. Dabei kann man die individuellen Abfahrts- und Ankunftszeiten über die LöwenLine, die telefonische Fahrplanauskunft unter Telefon (0 18 05) 77 99 66 (14 Cent /Min. aus dem deutschen Festnetz; höchstens 42 Cent/Min. aus Mobilnetzen), schon in der Planungsphase des Ausflugs erfragen. Im Internet findet sich die elektronische Fahrplanauskunft unter www.3-loewen-takt.de. Dort befindet sich auch eine Freizeitdatenbank mit vielen weiteren Zielen und Veranstaltungen in Baden-Württemberg.

Das Biosphärengebiet Schwäbische Alb

Biosphärenreservat und Biosphärengebiet: Zwei Begriffe, eine Idee

»UNESCO-Biosphärenreservat / Biosphärengebiet Schwäbische Alb«, so lautet der neue, offizielle Titel eines seit langem bekannten und beliebten Teils der Schwäbischen Alb. Der Doppelname soll die Akzeptanz des UNESCO-Biospärenreservats bei den Bürgern erhöhen.

Wilde Wolken über der Weite des ehemaligen Truppenübungsplatzes Münsingen

Im Vorfeld der Ausweisung hatte sich nämlich gezeigt, dass der Begriff »Reservat« bei Teilen der Bevölkerung und der Politik zu sehr mit Eigenschaften wie Isolation und Ausgrenzung in Verbindung gebracht wird. Den Bezeichnungen »Biosphärenreservat« und »Biosphärengebiet« liegt aber die gleiche Idee zugrunde: die einer nachhaltigen Regionalentwicklung von Mensch und Natur, von Ökonomie, Ökologie und Sozialem. International und auf Bundesebene steht dafür der Begriff »Biosphärenreservat« (»biosphere reserve area«), und mit der Anerkennung durch die UNESCO ist dieser Begriff verpflichtend geworden.

Wie kam es zur UNESCO-Anerkennung?

Am 25. Juni 2009 wurde die Urkunde zur Anerkennung des Biosphärengebiets Schwäbische Alb als UNESCO-Biosphärenreservat übergeben. Weltweit gibt es (zum Zeitpunkt des Erscheinens dieses Buchs) 553 Biosphärenreservate in 107 Staaten, die in das weltweite Netz der UNESCO-Biosphärenreservate aufgenommen wurden. Aktuell liegen 15 in Deutschland, davon eines nun auch in Baden-Württemberg.

Herz und Kern des Biosphärengebiets ist das Gelände des ehemaligen Truppenübungsplatzes Münsingen. Nach dessen Aufgabe zum 31. Dezember 2005 kristallisierte sich von Anfang an der Wunsch heraus, diese so verblüffend andere Kulturlandschaft in einem Großschutzprojekt zu bewahren. Bad Urach, Münsingen und Römerstein beschlossen deshalb schon damals, ihre Gemarkungen in ein noch zu planendes Biosphärengebiet Schwäbische Alb einzubringen. Andere folgten, und schon im Februar 2008 konnte seine Ausweisung nach dem Landesnaturschutzgesetz unterzeichnet werden. Rasch entwickelte sich dann die Hoffnung, das Biosphärengebiet auch in die Liste der weltweiten UNESCO-Biosphärenreservate einreihen zu können.

Wo genau liegt dieses Gebiet und wie groß ist es?

Das Biosphärengebiet Schwäbische Alb liegt circa 50 Kilometer südöstlich von Stuttgart und erstreckt sich zwischen Weilheim an der Teck im Norden, Zwiefalten im Süden, Reutlingen im Westen und Schelklingen im Osten. Zu dem Gebiet gehören 29 Gemeinden in den drei Landkreisen Alb-Donau, Esslingen und Reutlingen, zuzüglich seines Kernstücks, des gemeindefreien Gutsbezirks Münsingen, der im Wesentlichen mit dem ehemaligen Truppenübungsplatz Münsingen identisch ist. Von Norden nach Süden misst das Biosphärengebiet rund 40 Kilometer. Die gesamte Fläche des Gebiets umfasst etwa 850 Quadratkilometer oder anders gesagt: 85 000 Hektar.

Welche Schutzzonen gibt es und welche Ziele verfolgen sie?

Das Biosphärengebiet Schwäbische Alb gliedert sich wie alle anderen Biosphärengebiete in die drei Schutzkategorien Kern-, Pflege- und Entwicklungszone. Von den 85 000 Hektar sind etwa 2500 Hektar, knapp 3 Prozent, Kernzonen. Nur hier darf die Natur voll und ganz Natur sein und sich völlig unbeeinflusst durch den Menschen nur ihrer eigenen Dynamik folgend entwickeln. 42 Prozent sind Pflegezonen, in denen durch schonende Landnutzung in althergebrachter Wirtschaftsweise eine historisch gewachsene Kulturlandschaft gepflegt und erhalten wird. Streuobstwiesen, Wacholderheiden oder auch die Schafweiden im ehemaligen Gelände des Truppenübungsplatzes Münsingen fallen in diese Kategorie. 55 Prozent, also über die Hälfte des Gesamtgebiets, zählen zu den Entwicklungszonen. In ihnen soll modellhaft gewohnt, gelebt, gearbeitet und gewirtschaftet werden. Umwelt und Ressourcen schonende Arbeitsweisen werden finanziell und ideell gefördert, aber nicht nur die wirtschaftlichen, auch die sozialen Lebensbedingungen der Menschen in dieser Modellregion sollen sich verbessern.

Wie ist das Biosphärengebiet zugänglich? Kostet es Eintritt?

Das »UNESCO-Biosphärenreservat/Biosphärengebiet Schwäbische Alb« ist kein Park, sondern ein offener Landschaftsraum im deutschen Südwesten. Er ist (fast) überall und immer frei zugänglich (abgesehen vom ehemaligen Truppenübungsplatz und den Kernzonen). Neben der im denkmalgeschützten Alten Lager in Münsingen-Auingen untergebrachten Geschäftsstelle des Biosphärengebiets und dem von ihr ab Mitte 2010 betriebenen dortigen Informationszentrum soll es zukünftig weitere 15 über das gesamte Gebiet verteilte Informationszentren geben, deren (Dauer-)Ausstellungen zum Teil Eintritt kosten.

Wo kann man sich informieren?

Die Geschäftsstelle des Biosphärengebiets Schwäbische Alb befindet sich im Alten Lager (R 13) in Münsingen-Auingen, außerdem soll es zukünftig 15 über das gesamte Gebiet verteilte Informationszentren geben: im Freilichtmuseum Beuren, im Haupt- und Landgestüt Marbach, in Bad Urach, Ehingen, Lauterach, Pfullingen, Schelklingen, Metzingen (Obstbaumuse-

»Farbenkleks« am Wegrand: Krokusblüte auf der Schwäbischen Alb

um Metzingen-Glems und Innenstadt), im Münsinger Bahnhof, im Naturschutzzentrum Schopfloch, im Petertor in Zwiefalten, an der Schertelshöhle Westerheim, im Umweltbildungszentrum Listhof, im Waldschulheim Indelhausen und an der Wimsener Höhle. Zum Teil waren die Informationszentren zum Zeitpunkt des Erscheinens dieses Buchs noch im Aufbau begriffen.

Unter welchen Links findet man im Internet Informationen?

Unter www.biosphaerengebiet-alb.de, das ist die offizielle Seite des UNESCO-Biosphärenreservats. Zusätzliche Informationen gibt es unter www.mythosschwaebischealb.de, www.schwaebischealb.de und www.reiseziel-natur.de. Sonstige Internethinweise finden sich am Ende des jeweiligen Kapitels.

Biosphärengebiet Schwäbische Alb Nord-West

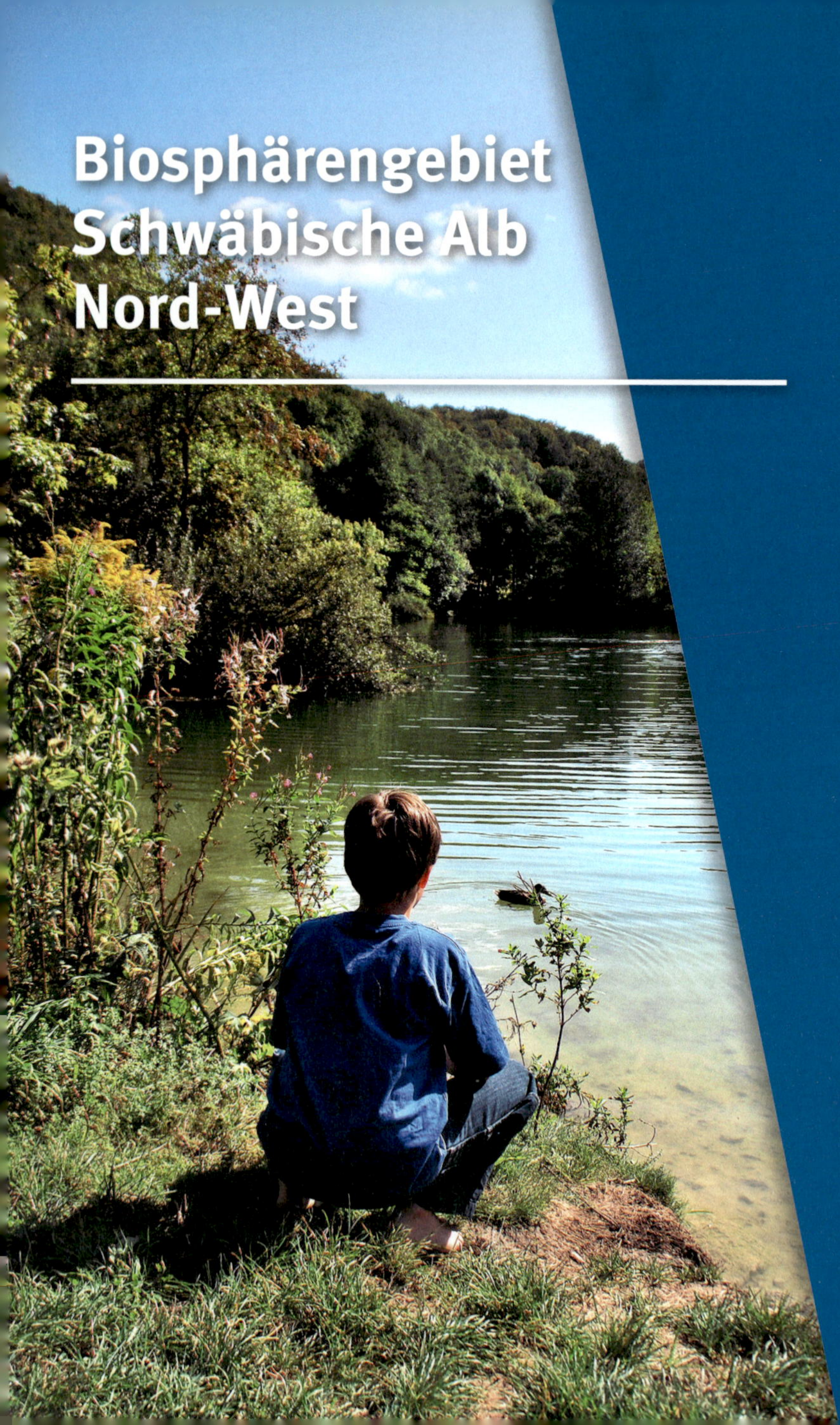

Im Sofazügle unterwegs

Museumsbahn »Sofazügle« – Hohenneuffen – Gleitschirmflieger – Mittelalterspektakel – Neuffen

Nach der Anreise mit der Museumsbahn nach Neuffen führt eine kurze, allerdings im Anstieg recht steile Wanderung hinauf zum Hohenneuffen, der größten Burgruine der Schwäbischen Alb. Hier gibt es nicht nur für Kinder viel zu entdecken: neben der Ruine selbst manchmal auch Gleitschirmflieger und sogar ein Falkner- oder Mittelalterspektakel.

Das **Sofazügle** ist eine historische Museumsbahn, die auf der Strecke der sogenannten Tälesbahn (Nürtingen–Neuffen) verkehrt und von einer Dampflok gezogen wird. Sie fährt nur an wenigen Tagen im Jahr. Wenn das Sofazügle fährt, lässt sich die Fahrt mit dem nostalgischen Bähnchen aber sehr gut in einen Tagesausflug mit mehreren Programmpunkten einbinden. Dann sind in Neuffen immer auch Feste und es bestehen Busverbindungen nach Beuren, ins Freilichtmuseum oder zum Hohenneuffen. Auf der Strecke der Tälesbahn verkehrt ansonsten regelmäßig auch ein normaler Zug, mit dem der hier beschriebene Ausflug jederzeit ebenso machbar ist.

Will man von Neuffen zum **Hohenneuffen** hinaufwandern, geht man von Bahnhof aus durch die alte Schlossallee den Weg hoch und weiter am Waldrand entlang bis zum Hohenneuffen-Forstweg, dem man nach rechts folgt. Schon nach 400 Metern biegt man nach links ab, auf

den breiten Hohenneuffen-Nordweg, der mit einem blauen Dreieck markiert ist. Ihm folgt man bis zur Ruine.

Die Burgruine Hohenneuffen
Der Hohenneuffen ist die größte Burgruine der Alb und von weitem zu sehen. Schon von fern macht sie mit ihren dicken Mauern und den runden Ecktürmen einen imposanten Eindruck. Sie wurde im 12. Jahrhundert auf ihrem von der Alb abgetrennten Sporn durch die Herren von Neuffen errichtet. 1301 ging sie an das Haus Württemberg über und wurde im 16. Jahrhundert zur Landesfestung ausgebaut. Ein »Arrestantenturm« aus dieser Zeit steht noch. Im 18. Jahrhundert wurde sie schließlich um die so mächtigen Bastionen und Kasematten erweitert, die zu entdecken und auszukundschaften nicht nur für Kinder spannend ist.

Von hier oben kann man auch häufig **Gleitschirmflieger** von ganz Nahem beobachten, die ein Stück weiter unten, bei den Parkplätzen, von zwei Absprungstellen starten.

Verhältnismäßig neu ist, dass in die 1801 aufgegebene Burg wieder ein Stück mittelalterliches Leben eingekehrt ist: An Wochenenden zwischen Juli und Oktober wird dreimal täglich ein für Kinder gut geeignetes **Mittelalterspektakel** aufgeführt, in dem neben Greifvögeln und anderem wilden Getier auch Sagengestalten auftreten. Der Rückweg erfolgt auf anderem Weg. Man quert den kleinen Parkplatz

und gelangt so geradeaus zum zuvor begangenen, mit dem blauen Dreieck markierten Forstweg nach Neuffen. Nach rund 500 Metern verlässt man den Weg in einer scharfen Rechtskurve und biegt nach weiteren 600 Metern noch einmal nach links ab auf den Albvereinsweg, der allerdings ebenfalls mit einem blauen Dreieck als Markierung ausgestattet ist. Durch einen Buchenwald, dann über die Neuffener Heide erreicht man die Weinberge, durch die der Weg scharf links weiter nach Neuffen führt. Auf einem geteerten Sträßchen geht es noch bis zum Waldrand, dann führt die »Schlossallee« geradewegs zurück zum Bahnhof. Sofern noch Zeit besteht, sollte man einen Bummel durch das hübsche Fachwerkstädtchen nicht verpassen.

Das Sofazügle ist ein Spaß für Groß und Klein.

Neuffen hat einen historischen Ortskern, der in seinem mittelalterlichen Gefüge erhalten blieb. Das sehenswerte Städtchen weist zahlreiche historische Gebäude und Fachwerkhäuser auf, wie das Rathaus, das »Große Haus« (der ehemalige Sitz eines wehrhaften Adligen, heute Stadtmuseum), das Melchior-Jäger-Haus (ein altes Adels-Stadthaus, heute öffentlich genutzt), die Stadtkelter und den Fruchtkasten. Interessierte können sich für den Stadtrundgang vorab einen Prospekt besorgen (Näheres siehe unten). Der Weinbau an den Hängen des Hohenneuffen war lange Zeit der Haupterwerbszweig der Stadt. Das Winzerfest erinnert daran und findet in geraden Jahren immer am dritten Wochenende im September statt. In ungeraden Jahren zieht das Stadtfest am dritten Wochenende Besucher von nah und fern an. Und natürlich ist auch der Weihnachtsmarkt, jedes Jahr am dritten Advent, immer wieder einen Besuch wert.

Sofazügle: *Anreise nach Neuffen per Bahn möglich. Das auch »Tälesbahn« genannte Sofazügle fährt ab Nürtingen über Frickenhausen und Linsenhofen nach Neuffen und zurück. Es fährt von Mai bis Oktober einmal pro Monat. Fahrtkarten sind nur im Zug erhält-*

Gleitschirmflieger lassen sich gut an ihrem Absprungplatz beim Hohenneuffen beobachten.

lich, VVS-Ausweise gelten nicht.
→ *www.sofazuegle.de.*

■ **Wanderung zum Hohenneuffen:** *Ausgangspunkt am Bahnhof in Neuffen. Länge: 5 Kilometer.*

■ **Hohenneuffen:** *Oben an der Burg Hohenneuffen ist ein Parkplatz, so dass man die Ruine bequem auch von dort aus erreichen kann. Die Burgruine Hohenneuffen ist außer bei Veranstaltungen tagsüber frei zugänglich.*
→ *www.hohenneuffen.de*

■ **Gleitschirmflieger:** *Die Absprungstellen der Gleitschirmflieger findet man, wenn man unmittelbar an der Zufahrt zum Parkplatz zum Trauf geht.*

■ **Mittelalterspektakel:** *Die Falken hatten auf der Burg Hohenneuffen zum Zeitpunkt des Redaktionsschlusses keine Freifluggenehmigung. Dem Mittelalterspektakel tut dies jedoch keinen Abbruch. Die Veranstaltung findet an bestimmten Wochenenden zwischen Juli und Oktober dreimal täglich statt.*
→ *www.falkner-wolfgang-weller.de*

■ **Neuffen:** *Der Prospekt »Neuffener Sehenswürdigkeiten – ein historischer Stadtrundgang« ist über den Stadt- und Kulturring Neuffen e. V. erhältlich. Kontakt: Gerd Güttler, Bahnhofstraße 24, 72639 Neuffen, Telefon (0 70 25) 77 92.*
→ *www.neuffen.de*

Schnäppchen und Streuobst

Outlet-City – Kid's Camp – Obstlehrpfad – Obstlagerhalle – NABU-Naturerlebnisweg »Streuobst« – Obstbaumuseum

Metzingen ist weithin bekannt als »Schnäppchenparadies«, als »Outlet-City«. Weniger im öffentlichen Bewusstsein ist, dass die Stadt ein hübsches altes Zentrum aufweist und auf eine lange Weinbau-Geschichte zurückblickt. Und noch weniger dürften Metzingens Verdienste um den Streuobstbau bekannt sein. Hier gibt es gerade für Familien viel zu erleben.

Als »Mekka der Schnäppchenjäger« oder auch – weniger freundlich – als »Hauptstadt der Geizhälse«, so wurde und wird Metzingen gelegentlich in den Medien bezeichnet. Und wie ist die Stadt tatsächlich? Metzingen ist eine **Outlet-City,** ein »Schnäppchenparadies«, kein Zweifel. Aber der Fabrikverkauf ist hier in gewisser Weise »historisch« gewachsen und verströmt ein ganz besonderes Ambiente. Hinzu kommt, dass die Outlet-City eingebunden ist in eine reizvolle historische Innenstadt. Ein Flyer oder auch die Homepage der Stadt geben Auskunft, welche Geschäfte wo zu finden sind. Die Entfernungen zwischen den Outlet Stores und der sehenswerten Innenstadt mit ihren historischen Plätzen und Baudenkmälern beträgt nur zwischen 200 und 500 Metern. Warum also nicht das Auto stehen lassen und die Altstadt erkunden und auch dort bummeln, Kaffee trinken oder Eis essen gehen?

Je nach Einkaufsziel – es gibt nämlich auch Geschäfte für Kinderspielzeug und Kuscheltiere – gehen Kinder gerne mit einkaufen. Wollen sich aber nur die Erwachsenen mit

Familienausflug in der Metzinger Outlet-City

Kleidung, Accessoires oder Haushaltswaren eindecken, ist das für Kinder meist langweilig. Damit die Erwachsenen entspannt einkaufen können und Kinder ihren Spaß haben, gibt es in Metzingen das **»Kid's Camp«**, ein liebevoll eingerichtetes Kinderparadies direkt hinter dem sogenannten Outdoor Outlet. Jeden Freitag und Samstag werden hier 3- bis 12-jährige Kinder von professionellen Betreuerinnen für bis zu vier Stunden mit einem vielfältigen Rahmenprogramm unterhalten.

Metzingen ist eine Stadt im Grünen. Die sonst vielerorts längst verschwundenen Streuobstwiesen umrahmen die Stadt wie ein Gürtel. Obst, besonders Obst aus den Streuobstwiesen, spielt hier eine fast so große Rolle wie die Fabrikverkäufe. Ganz neu ins Leben gerufen wurde der **Metzinger Obstlehrpfad** am nördlichen Stadtrand, parallel zur Nordtangente. Entlang dem nur 500 Meter langen Pfad wurden über 50 verschiedene Obstbäume gepflanzt und mit Informationstafeln zum Obstbau und zur Landschaftspflege bestückt. Für Familien ist er momentan allerdings hauptsächlich dann von Interesse, wenn die Früchte reif zum Probieren sind.

Dann weiß man, was einem schmeckt und kann anschließend gezielt in der **Obstlagerhalle** einkaufen. Sie gehört zum Städtischen Obstbaubetrieb, der mehr als 90 städtische Grundstücke mit einer Fläche von rund 210 Hektar pflegt. Auf über 50 Hektar Obstbaufläche werden 38 Süßkirsch- und 28 Apfelsorten erzeugt, aber auch Birnen- Sauerkirsch-, Zwetschgen- und Mirabellenbäume liefern einen Beitrag. Um gesundes Obst zu produzieren, wird die biologische Wirtschaftsweise bevorzugt. Inzwischen sind sogar fast alle Flächen auf EU-biozertifizierten Anbau umgestellt. Der Ertrag wird teils ab Baum versteigert, teils in der Obst-

Im Freien schmeckt der Apfel besonders gut!

Diesen Specht trifft man auf dem NABU-Naturerlebnisweg »Streuobst« ganz sicher an.

lagerhalle verkauft. Ebenso der städtische Bio-Apfelsaft, von dem jährlich bis zu 12 000 Liter gehandelt werden.

Was Familien, auch mit kleineren Kindern, so richtig Spaß macht, ist der liebevoll angelegte **NABU-Naturerlebnisweg »Streuobst«** nahe Metzingen-Glems. Zwischen Waldrand und Baumwiesen vermitteln zehn ganz unterschiedliche Naturerlebnisstationen Informationen über den Lebensraum Streuobstwiese. An einer Station laden ein Weideniglu und Holztiere zum Spielen ein. Der Blick durchs Fernrohr fängt auf jeden Fall den Specht ein, denn auch der ist aus Holz. Lebendig dagegen sind die Wildbienen in der Nistwand, die Insekten und Schmetterlinge, die in den Wiesen unterwegs sind. Der zwei Kilometer lange meist asphaltierte Rundweg beginnt unterhalb des Stauseehotels (einige Kilometer außerhalb von Glems am Stausee), verläuft hinter dem »Schützenhaus« (Gartenterrasse, sonntags geöffnet) hinunter zum »Neffenlohweg« und weiter am Schmiedtobelsee und dem CVJM-Heim vorbei zurück zum Ausgangspunkt. Der Stausee am Pumpspeicherwerk Glems ist leider für jeden Wassersport gesperrt. Er dient ausschließlich der Energieerzeugung. Wie das funktioniert, ist auf einer Tafel ganz ausführlich erklärt.

Ein in seiner Art im süddeutschen Raum einmaliges Museum ist das **Obstbaumuseum** in Metzingen-Glems. Die ehemalige Kelter ist mit einem modernen Museumskonzept in ein aktives, lebendiges Museum umgestaltet worden. Sein einziger, allerdings schwerwiegender Nachteil ist, dass es viel zu selten zugänglich ist: zu Veranstaltungen wie dem »Moschtfest« im Oktober, dem »Tag der offenen Tür« oder für Gruppen nach Vereinbarung.

■ **Outlet-City und Metzingen:** *Anreise nach Metzingen per Bahn möglich. Informationen zur Outlet-City und zur Stadt sind erhältlich bei der Stadt Metzingen, Telefon (0 71 23) 9 25-0. www.metzingen.de*

■ **Kid's Camp:** *Reutlinger Straße 71, 72555 Metzingen, Telefon (0 71 23) 9 23 90 52. Öffnungszeiten: Freitag 12–20 Uhr, Samstag 9–20 Uhr. Die Betreuung kostet 2,50 Euro pro Stunde.*

■ **Metzinger Obstlehrpfad:** *Lage am nördlichen Stadtrand, unmittelbar am Fuß- und Radweg parallel zur Nordtangente B 312/B 313 (Richtung »Obsthalle«), am Rand des Industriegebiets Neugreuth. Am Start des Obstlehrpfads ist übrigens ein ebenfalls neuer und frei zugänglicher kleiner Mountainbike-Park angelegt worden. Länge des Obstlehrpfads: 500 Meter.*

■ **Obstlagerhalle:** *Lage an der B 313 am Ortsausgang Metzingens in Richtung Grafenberg. Ansprechpartner: Detlef Schollmeier, Telefon (0 71 23) 6 08 47. Öffnungszeiten: Donnerstag 15–17 Uhr, Freitag 11–17 Uhr, Samstag 9–12 Uhr.*

■ **NABU-Naturerlebnisweg »Streuobst«:** *Informationen bei der NABU-Gruppe Metzingen, Horst Lang, Klosterstraße 51, 72555 Metzingen. Start und Ziel am Parkplatz »Unterer Hof«, unterhalb des Stauseehotels im Metzinger Stadtteil Glems. Länge des Wegs: 2 Kilometer (größtenteils asphaltiert).*

■ **Obstbaumuseum:** *Informationen beim Förderverein Obstbaumuseum Glems, Wolfgang Dürr, Zwerbachstraße 5, 72555 Metzingen-Glems, Telefon (0 71 23) 1 56 53.*

Gut Kirschen essen

Kirschenweg – Dettinger Freibad – Skate-Park – Heimatmuseum Dettingen

Kirschen direkt vom Baum zu naschen, macht Spaß. Probieren und studieren heißt das Motto des Kirschenpfads, der zugleich Teil des Ermstal-Obst-Radwegs ist. Wer im Sommer unterwegs ist, findet Abkühlung und Spaß im Dettinger Freibad, ehe vielleicht noch der Skate-Park oder das Heimatmuseum locken.

Anja, die kleine Kirschenhexe, ist die Wegweiserin, das Wanderzeichen auf dem 2,3 Kilometer langen **Kirschenweg**. Er verläuft vom Wanderparkplatz oberhalb von Dettingen an der Erms über das Dettinger Wahrzeichen, den Calverbühl, bis zur Gemarkungsgrenze Glems. Reizvoll ist er das ganze Jahr über: im Frühjahr, wenn es hier blüht, dass es eine wahre Pracht ist; im Herbst, wenn die Bäume bunt gefärbt sind, und erst recht natürlich im Frühsommer, wenn die Kirschen reif sind. Nicht umsonst lautet sein Motto: »Probieren und Studieren«. Bei den rund 100 blau markierten Bäumen darf man dann Kirschen direkt vom Baum naschen. Gerade Stadtkinder ohne eigene Obstbäume im heimischen Garten haben daran viel Spaß. Kirsche, so lernt man, ist nicht gleich Kirsche. 50 verschiedene Sorten kann man probieren und vergleichen. Da ist für jeden Geschmack etwas dabei. Es sind viele seltene alte Sorten darunter, die von lokaler, regionaler und deshalb auch von kulturgeschichtlicher Bedeutung sind. 13 Tafeln liefern dazu Informationen. Interessant ist auch, was man aus Kirschen alles machen kann. Erwähnt seien nur die in Läden mit regionalen Produkten

Tierische Begegnung in einer Obstbaumwiese am Kirschenweg

oder auch im Obstbaumuseum in Glems angebotenen Säfte »Ebbes Guads« (etwas Gutes), die auch einen Apfel-Süßkirschen-Saft im Angebot haben. An Station 1 des Kirschenwegs gibt es einen gemütlichen Grillplatz für die verdiente Rast.

Zurück in Dettingen bietet sich im Sommer ein Besuch im **Dettinger Freibad** an. Es zeichnet sich durch einen schönen Nichtschwimmerbereich mit Wasserfontänen, Pilzwasserfällen, Luftsprudel und Breitrutsche aus. Toben und Spaß haben erlaubt! Im Schwimmerbereich lockt zudem eine Sprunganlage. Rund um die Becken gruppiert sind eine große, teils auch schattige Liegewiese, ein Beachvolleyballfeld mit echtem Nordseesand und ein Kiosk. Das Bad bietet zudem immer wieder besondere Veranstaltungen für Kinder sowie ein Sommerferienprogramm an.

Skateboard- und Inlinercracks unter Kindern und Jugendlichen, die damit immer noch nicht ausgelastet sind, können sich im südöstlich außerhalb des Freibads gelegenen großen **Skate-Park** beweisen. Er zählt zu den größten der ganzen Region und ist frei zugänglich.

Dettingen an der Erms

Dettingen an der Erms hat eine interessante Geschichte. Noch Anfang des 11. Jahrhunderts war es Sitz des fränkischen Adelsgeschlechts, das die Burg auf der Achalm erbaute. Die Burg ist verschwunden, die Achalm aber gilt heute als Wahrzeichen Reutlingens. Die Grundherrschaft und die Hälfte der Vogtei Dettingen kamen zusammen mit der Grafschaft Urach vor 1265 an Württemberg. Die Pfarrkirche war einst die Grablege der Grafen von Dettingen und Achalm. Ihr bedeutender spätgotischer Chor stammt von Peter von Koblenz, der auch die Uracher Amanduskirche erbaute.

Mitten im Ort, in einem schönen Fachwerkhaus aus dem späten Mittelalter, ist das **Heimatmuseum** untergebracht. Unter dem Themenkreis »Leben und Wohnen im 19. und 20. Jahrhundert« werden Puppen und Spielzeug, Möbel und Hausgerätschaften in liebevoll eingerichteten, wie bewohnt wirkenden Räumlichkeiten gezeigt. Doch das ist längst noch nicht alles. Auch das Inventar einer Dorfschule gehört dazu, ein Tante-Emma-Laden, die Werkstätten von alten Handwerksberufen wie Wagner, Sattler, Schuhmacher, Weber und Drechsler. Drei Generationen Schmiede lebten hier im Haus und deshalb gibt es auch eine voll eingerichtete Schmiede. Es gibt so viel zu sehen, man kann gar nicht alles aufzählen. Nur eines noch: An den offenen Tagen ist das Backhaus angeheizt und es gibt echten Dettinger Rahmkuchen.

Dettinger Rahmkuchen

Zutaten
(ausreichend für ein viereckiges Backblech)

Für den gesalzenen Hefeteig:
200 g Mehl (Type 405)
150 g Mehl (Type 1050)
20 g Hefe
1/2 Teelöffel Salz
1 Prise Zucker
3 Esslöffel Öl
ca. 3/4 Liter lauwarmes Wasser.

Für den Belag:
3 Becher (je 200 g) Schmand
(24 Prozent Fett)
1 Becher Schlagsahne
Salz
Schwarzer Pfeffer
1 gehäufter Esslöffel Mehl
klein geschnittene Zwiebel nach Belieben

Anja, die Kirschenhexe, weist den Weg zum und auf dem Kirschenpfad.

Zubereitung

Aus den Teigzutaten einen glatten Hefeteig bereiten und gehen lassen. Anschließend auf einer bemehlten Unterlage ausrollen, in ein Backblech legen und einen kleinen Rand formen. Für den Belag alle Zutaten verrühren und gleichmäßig auf dem vorbereiteten Teigboden verteilen. Bei 250 Grad mindestens 30 Minuten backen.

Übrigens: In zweijährigem Rhythmus, immer in ungeraden Jahren, findet in Dettingen am vorletzten Sommerferien-Wochenende die schon traditionelle »Backhaus-Hocketse« statt. In allen drei Dettinger Backhäusern wird an diesen Tagen frisches Backhaus-Brot, Zwiebelkuchen und vor allem der beliebte Rahmkuchen gebacken. Zusätzliche Bewirtung erfolgt durch die Vereine. Umrahmt wird das Fest durch ein vielseitiges Unterhaltungsprogramm und einen Flohmarkt.

Kirschenweg: *Anreise nach Dettingen per Bahn möglich. Ab Bahnhof Dettingen erreicht man den Kirschenweg, indem man ca. 300 Meter nach Osten parallel zu den Bahngleisen geht, dann über*

Badespaß ist garantiert im Dettinger Freibad.

den Keckbronnenweg zum Wanderparkplatz. Mit dem Auto: Von Metzingen kommend am Bahnhof vorbeifahren und rechts abbiegen, um über den Keckbronnenweg den Wanderparkplatz zu erreichen. Länge des Wegs: Hin und zurück ca. 4,5 Kilometer.

- **Freibad Dettingen:** *Freizeitgelände Neuwiesen, 72581 Dettingen, Telefon (0 71 23) 8 76 73. Öffnungszeiten: Von Mitte Mai bis Mitte September Montag bis Freitag 7–20 Uhr, Samstag und Sonntag 8–20 Uhr.*

- **Heimatmuseum:** *Metzinger Straße 10, 72581 Dettingen. Infos und Vereinbarung von Führungen: Arbeitskreis Heimatmuseum und Brauchtum bei Ursula Stanger, Metzinger Straße 10, 72581 Dettingen an der Ems, Telefon (0 71 23) 70 63. Öffnungszeiten: Vier Sonntage im Jahr.*

- **Dettingen an der Erms:** *Information zur Stadt sind im Rathaus erhältlich: Rathausplatz 1, 72581 Dettingen an der Erms, Telefon (0 71 23) 72 07-0.*
  → *www.dettingen-erms.de*

Tiere, Tiere, Tiere

Heimatmuseum Eningen – Eninger Weide – Schafhaus – Oberer Lindenhof – Gestütshof St. Johann – Reiten

Außerhalb von Zoos haben Kinder kaum irgendwo sonst die Möglichkeit, so viele große Tiere so hautnah zu erleben wie bei diesem Ausflug. Und: Alles ist draußen, man kann Würstchen grillen und über eine riesige Spielwiese tollen. Vielleicht entsteht hier auch der durchaus realisierbare Wunsch, die Alb einmal vom Pferde- oder Maultierrücken aus zu erleben.

Der nur vier Kilometer von Reutlingen entfernt liegende, staatlich anerkannte Erholungsort Eningen unter Achalm ist eingebettet zwischen dem freistehenden, weithin sichtbaren Kegel der Achalm und dem bewaldeten Steilabfall der Schwäbischen Alb. Es tut sich manches in diesem Ort: Ein Panoramaweg »Rund um Eningen« wurde zum Zeitpunkt, als dieses Buch geschrieben wurde, gerade ausgewiesen und auch ein »Kunst- und Sinnespfad« war im Entstehen begriffen. Erwähnenswert ist auch das **Heimatmuseum Eningen**. Untergebracht in einem der ältesten Häuser des Ortes, wurde hier alles gesammelt, was zwischen 1800 und 1950 zu einem Eninger Hausstand gehörte. An den Öffnungssonntagen gibt es regelmäßig Aktionen sowie Kaffee und Kuchen.

Der eigentliche Anziehungspunkt für Besucher der Gegend liegt aber auf der Hochfläche der Alb: das Naherholungsgebiet **Eninger Weide.** Vom großen Parkplatz aus lässt sich nach allen Seiten lohnend wandern. Die beliebtesten und für eine Familie reizvollsten Anlaufpunkte sind zu einem ausgeschilderten Erlebnisweg »Landschaftserlebnis Eninger Weide« zusammengefasst worden. Das Schönste für Kinder da-

Rund um den Gestütshof St. Johann trifft man immer wieder auf Pferde.

ran ist, dass so viele Tiere ganz aus der Nähe zu sehen und zu beobachten sind: Rotwild, Wildschweine, Schafe, Ziegen, Pferde und Falken. Allerdings haben die Tiere viel Platz, um sich zurückziehen zu können. Es gehört also auch eine gewisse Portion »Jagdglück« dazu, sie zu sehen. Spätestens der Nachmittag bietet da aber gute Chancen. Der Erlebnisweg beginnt bei der Info-Tafel am großen Parkplatz, führt mit wenigen Schritten zum Rotwildgehege und gleich weiter zum benachbarten Wildschweinbereich. Nachdem das Wildschweingehege knapp zur Hälfte umrundet ist, führt der Weg an den Trauf hinaus. Bald ist der Blick frei ins Tal und auf das obere Becken des Glemser Pumpspeicherwerks (siehe Ausflug 2). Mit etwas Glück sieht man hier Falken bei der Jagd. Sie sind die schnellsten Vögel der Welt und erreichen, wenn sie sich auf eine Beute stürzen, bis zu 360 Kilometer pro Stunde, also 100 Meter pro Sekunde! Auf dem Weg zwischen dem Gehege und dem nächsten Ziel, dem Aussichtspunkt »Hannersteigfelsen«, sind die Silhouetten von zwei (fliegenden) Tieren versteckt, die in den Buchenwäldern des Albtraufs leben. Wer hat sie gefunden? Nun sind bald auch die Grillstellen erreicht. Sie liegen idyllisch von Wald umgeben inmitten einer großen Wiese. Zwar sind ein paar Spielgeräte da, doch die braucht es nicht. Ein Feuer zu machen, einen Stock für die Wurst oder ein Stockbrot zuzuspitzen, ist doch viel interessanter. Der Weg hat übrigens verschiedene Varianten und Längen, am besten, man besorgt sich vorab den Flyer, auf dem alle Wege beschrieben sind. Bei der Info-Tafel könnten schon alle Exemplare weg sein.

Mit etwas größeren Kindern lohnt es, weiterzuwandern: zum **Schafhaus**, das zum Haupt- und Landgestüt Marbach gehört (siehe Ausflug 22). Dorthin führt eine schöne alte Lindenallee. Links von ihr ist eine

Wildsträuchersammlung, die durch einen ins Gras gemähten Rundweg erkundet werden kann. Rechts von der Allee stehen Pferde auf der Koppel, wie auch meist oben an den Ställen. Hinter dem Wohnhaus weiden Ziegen. Schafe wird man hier eher selten sehen, vermutlich sind sie näher am **Oberen Lindenhof**, dem nächsten Ziel, zu finden. Über die Europäische Wasserscheide gehend nähert man sich danach erneut dem Schafhof und geht auf gleicher Strecke zurück.

Ist man auf der Ehinger Weide, sollte man keinesfalls den **Gestütshof St. Johann** versäumen (siehe Ausflug 22). Vielleicht kann einem der Bereiter bei der Arbeit mit einem Pferd zugesehen werden. Ohnehin ist es in den frei zugänglichen Stallungen immer interessant. Mal werden Pferde geputzt, mal wird gemistet, gefüttert oder gesattelt und getrenst. Ob es nun noch für den Spaziergang zu den Fohlen hinunter reicht, hängt davon ab, wie lange man schon unterwegs ist. Im Gestütsgasthof in St. Johann kann man auch einkehren und so den Ausflug ausklingen lassen.

Beim einen oder anderen Kind ist nun vielleicht der Wunsch wach geworden, selbst **reiten** zu lernen oder die Alb vom Pferderücken aus zu erleben. Dieser Wunsch ist nicht unerfüllbar. Auf dem Egerhof, am Ortsrand von Eningen, dürfen schon die Kleinsten Ponys reiten. Für Kinder ab acht Jahren gibt es hier Reitunterricht und für gute Reiter auch Ausritte. Nicht hier am Ort, aber viel unterwegs im gesamten Biosphärengebiet ist Julia Krüger mit ihren Pferden und Maultieren. Richtig gelesen: Maultiere! Sie hat eine ganze Reihe solcher Maultiere »im Team« und es ist schön zu lesen, wie sie die vorstellt: Eines als Betty, »ein Pony mit großen Ohren«, ein anderes als Merle, ein »richtiges Knuddelmuli«. Sich mit ihnen auf den Weg zu machen bedeutet, Hektik und Zeitnot hinter sich zu lassen und stattdessen die Kleinigkeiten am Wegrand zu entdecken. Für Familien gut geeignet ist ein »Familienausflug mit Muli und Pony«. Dabei tragen die Tiere das Picknick

An den Grillstellen des Naherholungsgebiets Eninger Weide machen Kinder gerne eine Pause zum Würstchenrösten oder Stockbrotbacken.

Ob Muli, Pony oder Großpferd, Reiten ist einfach eine tolle Sache!

und abwechselnd große und kleine Reiter oder Reiterinnen. Alles, was man dazu wissen muss, und welche anderen Möglichkeiten es gibt, mit Freund »Pferd« etwas zu unternehmen, verrät die Homepage von Julia Krüger. Gut zu wissen ist auch, dass es im Biosphärengebiet eine stattliche Anzahl landwirtschaftlicher Betriebe gibt, die auf Wanderreiter eingestellt sind. Informationen zu Reitstationen, Wanderreitbetrieben und eine Übersichtskarte sind beim Verein »Mittlere Alb zu Pferde« oder bei Julia Krüger erhältlich.

- **Eningen unter Achalm:** *Informationen sind bei der Gemeindeverwaltung erhältlich, Rathausplatz 1, 72800 Eningen unter Achalm, Telefon (0 71 21) 8 92-0.*
  ➜ www.eningen.de

- **Eninger Heimatmuseum:** *Eitlinger Straße 3, 72800 Eningen unter Achalm, Telefon (0 71 21) 8 92-0. Öffnungszeiten: April bis Oktober, jeden 1. Sonntag im Monat 14–17 Uhr. Eintritt frei!*

- **Landschaftserlebnisweg Eninger Weide:** *Mit dem Auto zu erreichen von Eningen aus über die L 380 Richtung »St. Johann«. Im Verlauf der Allee kurz nach dem Albaufstieg links abbiegen, der Wanderparkplatz ist ausgeschildert. Länge des Erlebniswegs: 7 Kilometer (Abkürzungen möglich). Länge der hier beschriebenen Strecke: 5,5 Kilometer.*

- **Gestütshof St. Johann:** *Der Gestütshof liegt von Eningen kommend links der Landstraße L 380. Telefon (0 71 22) 8 29 90.*
  ➜ www.gestuet-marbach.de

- **Reiten:** *Egerhof, Paul-Jauch-Weg 11, 72800 Eningen unter Achalm., Telefon (0 71 21) 8 24 22.*
  ➜ www.egerhof-reiterferien.de
  Wanderreitbetrieb Julia Krüger, Kohl 2, 72537 Mehrstetten, Telefon (0 73 81) 49 03.
  ➜ www.mitpferdenaufdemweg.de
  Mittlere Alb zu Pferde e. V., c/o Stillhammerhaus, Hundersinger Straße 13, 72525 Münsingen-Bremelau, Telefon (0 73 83) 15 69.
  ➜ www.wanderreiten-alb.de

In der Kinder-Großstadt

Listhof – Wellenfreibad – Naturtheater Reutlingen – Wildgehege – Kinderstadtführung – Heimat- und Naturkundemuseum – Volkspark und Pomologie

Reutlingen ist die größte Stadt im Biosphärengebiet Schwäbische Alb und – im Listhof – zugleich Standort eines Informationszentrums. Reutlingen ist zwar Großstadt, es gibt hier aber auch viel Natur: im Erholungsgebiet Markwasen, am Listhof und in vielen Parks mit Tieren und unterschiedlichsten Veranstaltungen für Kinder. Auch in der Stadt selbst gibt es für Kinder einiges zu sehen und zu erleben.

Das **Umweltbildungszentrum Listhof** ist eines von 15 Informationszentren des UNESCO-Biosphärenreservats Schwäbische Alb. Das ist eine Sache. Die fast wichtigere ist, dass es für Großstadtkinder eine Fülle an Möglichkeiten anbietet, in der Natur von der Natur zu lernen. Nur was man kennt und schätzt, will man auch pflegen und schützen. Und so gibt es für jedes Alter viele Aktionen und Projekte, ganzjährig oder auch als Ferienprogramm. Beispiele gefällig? Warum strengen sich Pflanzen so an, um schöne Blüten zu machen? Wer oder was lebt in Teichen und Tümpel? Mit dem Förster vom Hochsitz aus Rehe beobachten! Farben aus Erde und Pflanzen herstellen und damit malen! Kinder und Jugendliche, die immer wieder kommen, können das »Leistungsabzeichen Natur« ablegen: In einen

Pass werden dann die besuchten Veranstaltungen eingetragen, und wer 4, 8 oder 12 Stempel gesammelt hat, erhält ein Abzeichen. Die Besitzer des goldenen Abzeichens, das einen Schmetterling (Schwalbenschwanz) darstellt, werden in den »Schmetterlingsclub« aufgenommen und dürfen dann an besonders interessanten Veranstaltungen teilnehmen. Ab einem Alter von 14 Jahren kann man außerdem eine Ausbildung zum »Junior-Ranger« machen. Unter dem Stichwort »Naturgeburtstag« bietet der Listhof auch verschiedene Programme für Kindergeburtstage an. Einen Nachmittag lang spielerisch die Natur erkunden und mit allen Sinnen erleben – für das Geburtstagskind und seine Gäste wird dieser besondere Tag sicher zu einem unvergesslichen Erlebnis.

Das Reutlinger **Wellenfreibad** im Erholungsgebiet Markwasen, das sich über eine mehr als 100 000 Quadratmeter große Parkanlage erstreckt, ist ein Traum für Familien. Hier lässt sich der perfekte Sommertag verbringen. Die Kleinsten sind gut aufgehoben im Kleinkinderbecken, wo Schiffchenkanal, Wasserquellstein und der wasserspeiende Seehund viele Spielmöglichkeiten bieten. Größere Kinder und Jugendliche finden ihren Spaß nicht nur in den Wellen, sondern auch in der Breitwasserrutsche oder der 85-Meter-Riesenrutschbahn. Außerhalb des Wassers gibt es für die Kleinen einen großen Matsch-und Sandspielplatz, für die Großen eine Spielwiese für verschiedene Ballsportarten, darunter auch Beachvolleyball.

Das **Naturtheater Reutlingen**, eine der größten und ältesten Freilichtbühnen in Baden-Württemberg, liegt ebenfalls idyllisch im Erholungsgebiet Markwasen. Zum Programm gehören stets Kindervorstellungen, die der ganzen Familie viel Spaß machen und deshalb meist lange im Voraus ausverkauft sind.

Auch wenn eine Familie den Tag mit Natur pur verbringen will, ist sie im Erholungspark Markwasen genau richtig. Der Wanderparkplatz liegt direkt beim ausgesprochen schönen **Wildgehege**, wo eine Herde Damhirsche friedlich grast und wo ab dem Wanderparkplatz verschiedene Wanderungen oder Waldspaziergänge möglich sind, und das quasi direkt neben dem Stadtgebiet.

Reutlingen ist die 9. und jüngste Großstadt in Baden-Württemberg und gilt durch ihre Lage zwischen Stuttgart und der Schwäbischen Alb als eine Stadt mit großer Lebensqualität. Besucher schätzen bei einem Bummel durch die Fußgängerzone Wilhelmstraße und die angrenzenden Gassen und Gässchen den gelungenen Spagat zwischen modernem Einkaufsangebot und gewachsenem Stadtbild. Viele verschiedene Führungen erschließen die Stadt mit ihren Baudenkmälern und Resten der Stadtbefestigung in allen ihren Aspekten. Doch nur bei der **Kinderstadtführung** wird Reutlingen so ganz mit den Augen der Kinder entdeckt, werden geheimnisvolle Gässchen erforscht und der Weg in den kunterbunten Bonbonladen gefunden.

Zwei, die gerne am Listhof sind und stolz Pass und Button ihres ersten »Leistungsabzeichens Natur« präsentieren

Kinderfest in der Pomologie

Reutlingen hat auch zwei für Kinder interessante Museen, ein **Heimat- und ein Naturkundemuseum.** In beiden gibt es spannende erlebnisreiche Kindernachmittage. Im Naturkundemuseum geht es dabei vorwiegend um Naturerleben (hier Anmeldung vorab erforderlich), im Heimatmuseum wird meist gebastelt.

Kindergeburtstag in Reutlingen
Im Listhof, im Heimat- und im Naturkundemuseum können ganz besondere Kindergeburtstage gefeiert werden. Es stehen jeweils verschiedene Programme zur Auswahl, die teils noch individuell abgewandelt werden können. Eine sehr frühzeitige Absprache und Terminierung ist ratsam. Kindergeburtstage lassen sich auch an vielen anderen Orten im Biosphärengebiet feiern (siehe im Sachregister unter dem Stichwort »Kindergeburtstag«).

Drin und draußen in jeder Hinsicht ideal kombiniert – das finden Familien in den Reutlinger Innenstadt-Parkanlagen **Volkspark und Pomologie.** Der Volkspark und die Pomologie erhielten ihr jetziges Erscheinungsbild anlässlich der Landesgartenschau 1984. Heute, 26 Jahre später, ist die idyllische Parkanlage mitten im Innenstadtkern Reutlingens beliebter denn je. Von Mai bis September werden zahlreiche Aktivitäten angeboten, darunter auch zu einigen Terminen Kindertheater, das keinen Eintritt kostet. Lediglich zu den Bastelnachmittagen für Kinder, die unter dem Titel »Kreativ am Werkhof« abgehalten werden, ist eine vorherige Anmeldung notwendig und wird ein

Unkostenbeitrag erhoben. Als für Kinder und Jugendliche interessante Dauereinrichtungen sind zu nennen: zwei große Spielplätze, eine Pit-Pat-Anlage, das Bienenhaus der Imker, die Vogelvoliere sowie das Exotarium, wo unter anderem Nutrias, Zierfische und Schildkröten zu sehen sind.

- **Listhof:** *Der Listhof liegt westlich von Reutlingen an der L 383 Richtung Gönningen. Per Bus aus der Stadtmitte Reutlingen erreicht man ihn mit der Linie 5 Richtung Gönningen (Haltestelle »Rosswasen«) plus 600 Meter Fußweg. Umweltbildungszentrum Listhof e. V., Friedrich-List-Hof 1, 72770 Reutlingen, Telefon (0 71 21) 27 03 92.*
  ➜ *www.listhof-reutlingen.de*

- **Wellenfreibad Markwasen:** *Das Erholungsgebiet Markwasen und das Wellenbad liegt in Richtung Reutlingen-Gönningen, mit dem Auto den Schildern »Stadion, Freibad« folgen. Innerstädtisch erreichbar mit den RSV-Buslinien 4, 5, 8 und 11. Wellenbad: Hermann-Hesse-Straße 40, 72770 Reutlingen, Telefon (0 71 21) 5 82-37 92. An Schlechtwettertagen ist die Kasse nicht besetzt.*
  ➜ *www.reutlinger-baeder.de*

- **Naturtheater Reutlingen:** *Zu den Nachmittagsvorstellungen gibt es einen Sonderbus der RSV (Linie 8, Richtung »Markwasen«). Die Eintrittskarte zum Theater gilt zugleich als Fahrschein. Mark Gewand 3, 72762 Reutlingen, Telefon (0 71 21) 27 07 66.*
  ➜ *www.naturtheater-reutlingen.de.*

- **Stadtführungen:** *Anreise nach Reutlingen per Bahn möglich. Tourist-Information, Marktplatz 2, 72764 Reutlingen, Telefon (0 71 21) 93 93 53-53.*
  ➜ *www.tourismus-reutlingen.de*

- **Naturkundemuseum Reutlingen:** *Weibermarkt 4, 72764 Reutlingen, Telefon (0 71 21) 3 03 20 22. Öffnungszeiten: Dienstag bis Samstag 11–17 Uhr, Donnerstag 11–19 Uhr, sonn- und feiertags 11–18 Uhr.*
  ➜ *www.reutlingen.de/naturkundemuseum*

- **Heimatmuseum Reutlingen:** *Oberamteistraße 22, 72764 Reutlingen, Telefon (0 71 21) 3 03-20 50. Öffnungszeiten wie im Naturkundemuseum.*
  ➜ *www.reutlingen.de/heimatmuseum*

- **Volkspark und Pomologie:** *Alle Veranstaltungen siehe Flyer »Programm im Park«. Für die Bastelnachmittage »Kreativ am Werkhof« ist eine Anmeldung erforderlich beim Kulturamt der Stadt Reutlingen, Wilhelmstraße 69, Telefon (0 71 21) 3 03-27 76, dort ist auch der Flyer erhältlich.*

Seen, Bäche, Quellen

Gönninger Tulpenblüte – Samenhandelsmuseum – Gönninger Seen – Kalktuff-Lehrpfad – Wiesazquelle – Genkingen

Nur rund sieben Kilometer liegt ihr Ortsteil Gönningen von der Stadt Reutlingen entfernt. Und doch ist man hier mitten in einer für Familien spannenden und erlebnisreichen Natur. Der dortige Kalktuff-Lehrpfad führt von der Ortsmitte aus meist am Bach entlang zu den Gönninger Seen und weiter. Wer mag, wandert über das Pfadende noch hinaus durch das steinerne Flussbett hinauf zur oberen Quelle der Wiesaz nach Genkingen.

Über 45 000 Tulpen blühen jedes Jahr, etwa ab Mitte April, auf dem Friedhof, in den Vorgärten, einfach überall in Gönningen. »Ausgeschmückt« wird die **Gönninger Tulpenblüte** zudem durch ein buntes Veranstaltungsprogramm. Die Samenhändlergemeinde hatte seit Mitte des 20. Jahrhunderts begonnen, die Gräber seiner Angehörigen mit den damals noch besonders wertvollen Tulpen opulent zu schmücken. Das sprach sich herum. 1912 besuchte sogar die württembergische Königin Charlotte den »Tulpenfriedhof«. Und ab den 1930er-Jahren kamen alljährlich tausende Besucher aus nah und fern. Für ein paar Wochen drehte sich alles um die Tulpe. 2005 wurde dieser schöne Brauch wiederbelebt. Er verwandelt den Ort in ein Blütenmeer. Die Tulpensorte, die einem am besten gefällt, kann man übrigens erwerben und sich so im Jahr darauf an ihr im eigenen Garten freuen.

Der Gönninger Samenhandel
Berühmt ist der Reutlinger Stadtteil Gönningen durch seinen Samenhandel geworden, dessen Entstehen eigentlich nur dem Umstand zuzuschreiben ist, dass sich das

Das Gönninger Samenhandelsmuseum im Rathaus ist klein, aber fein und lohnt einen Besuch.

Dorf einst aufgrund der zunehmenden Einwohnerzahl nicht mehr allein durch Landwirtschaft und Handwerk ernähren konnte. Deshalb verlegten sich die Gönninger auf den Hausierhandel, speziell mit Samen. Die Anfänge dieses Gewerbes gehen zurück bis zum Ende des Dreißigjährigen Kriegs. In größerem Umfang wurde der Samenhandel aber erst ab der Mitte des 18. Jahrhunderts betrieben, wobei er seine Blüte Mitte des 19. Jahrhunderts erreichte. 1854 waren von 2600 Einwohnern 1200 in ganz Europa und sogar Amerika unterwegs, um mit Blumen- und Gemüsesamen sowie Blumenzwiebeln zu handeln. Und noch heute gibt es in Gönningen 15 Samenhandelsfachgeschäfte. Schön aber ist, dass diese Tradition alljährlich in einer wahren Blütenorgie der verschiedensten Tulpensorten weiterlebt, die selbst das Ursprungsland der Tulpe, Holland, vor Neid erblassen lassen könnte.

Im Rathaus zeigt das kleine, liebevoll eingerichtete **Gönninger Samenhandelsmuseum** – eine Außenstelle des Reutlinger Heimatmuseums (siehe Ausflug 5) – Dokumente und Zeugnisse der Handelsreisen sowie die Rekonstruktion einer Samenhändlerpackstube.

Das Rathaus ist aber auch deshalb interessant, weil es wie etliche andere Gebäude aus dem vor Ort abgebauten Kalktuff gebaut ist. Ein

Erholsame Rast am größten der Gönninger Seen

dekorativer Stein, der auch für Bauten in Berlin und München verwendet wurde. Sein ehemaliges Abbaugebiet ist heute zu einem reizvollen Naherholungs- und Wandergebiet geworden. Erschlossen ist es durch den **Kalktuff-Lehrpfad** mit 11 Tafeln, deren 11. gleich hinter dem Rathaus an der Kirchenmauer angebracht ist. »Quasi rückwärts« folgt man so dem gut ausgeschilderten Pfad hinauf zu den Quellen der Wiesaz. Das macht jedoch nichts, denn jede Tafel hat eine andere in sich abgeschlossene Thematik. Im April, zur Tulpenblüte, lohnt ein Abstecher über den Friedhof. Verlässt man diesen anschließend durch sein oberes Tor und biegt nach 80 Metern links ab, ist man zurück auf dem Pfad.

Mit kleineren Kindern kann man, um ein Stück des Fußwegs zu sparen, alternativ noch ein Stück weiter in Richtung Genkingen weiterfahren und direkt den Parkplatz unterhalb des großen **Gönninger Sees** ansteuern. Dann ist man mitten im spannendsten Bereich des Pfads. Der See ist kein Badesee, trotzdem bringen manche ihr Kanu oder ihr Schlauchboot mit. Für eine Rast ist es jedenfalls ein guter Platz. Links am See vorbei führt der Pfad zu weiteren kleineren Seen und Wasserfällchen. Begleitet wird er meist von einem Bach, dessen eigentlich klares

Wasser durch gelöstes Gestein milchig trüb wirkt. Bald ist eine alte Abbaustelle des Kalktuffs erreicht. Das ist jedoch keine Grube, sondern eher eine Felswand. Der Weg führt um sie herum, wieder am Bach entlang zu einem Überhang mit »Blumenkohltuff«, der sich auf Algen gebildet hat. An der ehemaligen, wassergetriebenen Getreidemühle vorbei, neben der geradezu kuschelig wirkende, gehörnte »Waldschafe« weiden, geht es zum »oberen« Steinbruch. Er wurde etwa um 1840 angelegt, vermutlich zum Bau der Gönninger Kirche.

Eine Tafel auf dem Lehrpfad erklärt übrigens, warum die Wiesaz etwas ganz Besonderes ist: Sie spiegelt den »Kampf« der Wasserscheide zwischen Donau und Rhein. Genau an dieser Tafel beginnt für manche der spannendste Abschnitt des Ausflugs. Im fast trockenen Bachbett aufwärts, über Steinstufen und Baumstämme, kann man hinauf bis zur oberen **Wiesazquelle** am Ortsrand von Genkingen gehen. Unterwegs bieten sich viele Gelegenheiten, schöne Steine zu finden oder Steinmännchen zu bauen. Der Rückweg vom oberen Tal kann ab der Mühle variabel gestaltet werden: Gleich nach der Mühle weist ein Schild nach links. Ein breiter bequemer Waldweg, der schneller, direkter, aber natürlich lange nicht so interessant ist, bringt einen dann zurück zum Parkplatz. Wer einkehren will, kann das in der nahen, am Sportplatz gelegenen Speisegaststätte »Wiesaztal« tun. Sie hat auch einen kleinen Biergarten.

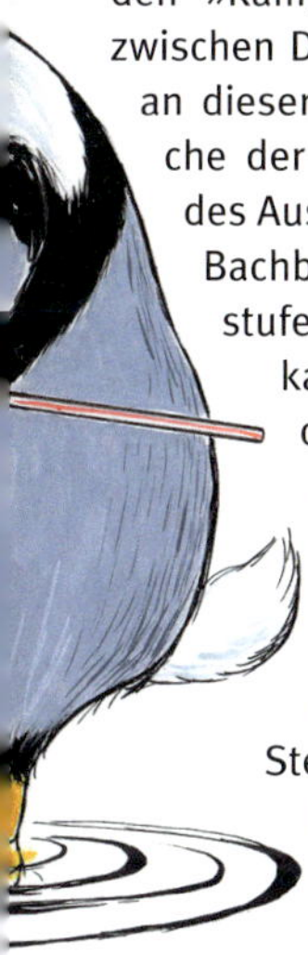

■ **Gönninger Tulpenblüte:** *Ab Mitte April blühen die Tulpen für einige Wochen auf dem Friedhof und an anderen Plätzen in Gönningen.*

■ **Samenhandelsmuseum Gönningen:** *Stöfflerplatz 2, 72770 Reutlingen, Telefon (0 70 72) 70 26. Öffnungszeiten: Montag bis Freitag 8–12 Uhr, Donnerstag 14–18 Uhr. Eintritt frei!*
➜ *www.goenningen.de*

■ **Kalktuff-Lehrpad:** *Mehrere Varianten sind möglich. Der Parkplatz »Gönninger Seen« liegt zwischen Gönningen und Genkingen an der Landstraße L 230. Länge: Ab Rathaus hin und zurück 3,5 Kilometer; ab Parkplatz »Gönninger Seen« bis zur 1. Tafel hin und zurück 3 Kilometer. Wanderung im Bachbett zusätzlich hin und zurück 3 Kilometer.*

■ **Gönningen:** *Tourist-Information, Marktplatz 2, 72764 Reutlingen, Telefon (0 71 21) 93 93 53-53.*
➜ *www.tourismus-reutlingen.de*
➜ *www.goenningen.de*

Auf zur Unterhose!

Baumannsche Mühle –
Wassererlebnispfad Echaz –
Schönbergturm

Pfullingens Geschichte reicht weit zurück. Spannend und zahlreich sind die die vielen, teils skurrilen Anekdoten und Sagen, die mit der Stadt und ihren Sehenswürdigkeiten verbunden sind. Mitten durch Pfullingen führt ein reizvoller Wassererlebnispfad und wer mag, kann direkt aus der Stadt heraus zu ihrem Wahrzeichen, dem »Pfullinger Unterhose« genannten Schönbergturm, wandern.

Unter den Museen Pfullingens ragt – besonders für Kinder – eines besonders heraus: die **Baumannsche Mühle.** Am alten Mühlenstandort (die erste Mühle ist um 1500 nachgewiesen) ist das Mühlen- und Trachtenmuseum entstanden. Im über vier Stockwerke ausgedehnten Mühlenmuseum wird die ganze Mühlentechnik erklärt. Kaum zu glauben, was das kleine Flüsschen Echaz leistete! Es hielt nicht nur Getreidemühlen in Gang, sondern auch etliche Säge-, Walk-, Hanf-, Papier-, Öl-, Gips-, Pulver- und Schleifmühlen. Im Wohntrakt der Baumannschen Mühle ist zugleich eine Trachtensammlung untergebracht. Außerdem wird anschaulich gezeigt, wie Bänder, Stoffe und Kleider hergestellt wurden.

Doch zurück zum Wasser der Echaz. Als etwas Besonderes darf man sicher zu Recht hervorheben, dass sich mitten durch die Innenstadt Pfullingens entlang der Echaz ein spannender, abwechslungsreicher **Wassererlebnispfad** schlängelt. Er beginnt im Nordosten der Stadt, am Entensee. Dort teilt der »Urfall« die Echaz in zwei Kanäle auf. Vor der Flussregulierung war sie hier recht

Auf dem abwechslungsreichen Wassererlebnispfad begleitet man die Echaz mitten durch die Innenstadt Pfullingens.

reißend, voller Strudel und gerade deswegen ein beliebter Spiel- und Badeplatz für Kinder. Die Eltern schärften damals ihren Kindern ein, ja die Strudel zu meiden: Das Hakenmännle würde sie sonst mit einer langen Hakenstange zu sich hinunterziehen ... Folgt man dem weiteren Verlauf der Echaz und des Erlebniswegs, kann man viele immer noch funktionierende wassertechnische Bauten entdecken: ein Wehr, Turbinen, eine ehemalige Sägemühle oder die Baumannsche Mühle mit ihrem Wasserrad, das sich sonntags während der Öffnungszeiten des Museums dreht. Wasserkraft wird übrigens auch heute noch genutzt: Das auf Turbinen geleitete Wasser der Echaz reicht aus, um im Winter 40 Einfamilienhäuser mit Strom zu versorgen. Ein weiteres Wasserrad ist im Schlosspark zu finden. Den überraschendsten Anblick, den man mitten in der Stadt nie vermuten würde, entdeckt man im Weberviertel. Ein schmaler Trampelpfad führt in eine ganz eigene Welt. Vor der stillgelegten Volkschen Mühle rauscht wildromantisch ein Wasserfall herab! Im ganzen Verlauf des Wassererlebniswegs lassen sich natürlich auch viele Tiere beobachten: im Wasser und am Wasser. Mit etwas Glück sieht man die mit ihrem gelben Brüstchen hübsche Gebirgsstelze oder kann Wasseramseln beim Tauchen be-

Die »Pfullinger Unterhose«, wie der Schönbergturm auch genannt wird, ist das Wahrzeichen Pfullingens.

wundern. Es lohnt, Zeit mitzubringen auf diesen Spaziergang.

Pfullingen
Seit der Ansiedlung erster Gewerbebetriebe im 19. Jahrhundert hat sich Pfullingen stark ausgedehnt. Heute ist Pfullingen zwar Industriestadt, aber mit gelungen saniertem Kern und viel Grün im Innenstadtbereich. Das künftig hier angesiedelte Informationszentrum für das UNESCO-Biosphärenreservat Schwäbische Alb will sich deshalb mit den Vertiefungsthemen Stadtentwicklung, Stadtsanierung und Städtebau befassen.

Pfullingen bekam bereits 1252 ein Klarissinnen-Kloster. Klara von Assisi hatte diesen Orden 1212 ins Leben gerufen und ihm eine im Vergleich zu den Franziskanern weitaus strengere Ordensregel mit auf den Weg gegeben. Die Nonnen gingen barfuß, auch im Winter. Unter der Haube war ihr Haar kurz geschoren. Sie trugen ein weites bodenlanges Gewand mit einem Strick als Gürtel. Mit fremden Leuten sprechen durften die Nonnen nur mit Genehmigung der Äbtissin und auch dann nur in Begleitung zweier anderer Nonnen und durch das Sprechgitter. Dieses Sprechgitter ist in Pfullingen erhalten und wie das »Waschhäusle« im Klostergarten zu finden. Auch die Kirche steht noch und wird für Ausstellungen oder Konzerte genutzt. Die übrigen Klostergebäude sind heute in Privatbesitz oder zerstört.

Eine der schönsten aller Pfullinger Geschichten rankt sich um seinen Aussichtsturm am Schönberg. Der 28 Meter hohe **Schönbergturm** wird seiner ganz besonderen Form wegen im Volksmund allgemein als »Pfullinger Unterhose« bezeichnet. Im Zweiten Weltkrieg hatte er einen Tarnanstrich, heute sind die beiden »Beine« wieder blendend weiß gestrichen. Am 2. Juli 2006, anlässlich seines 100-jährigen Bestehens, wurde ihm, frei nach Christo, eine überdimensionale Unterhose angezogen und mehrere Wochen angelassen. In 26 Meter Höhe befindet sich eine Aussichtsplattform, die über die beiden Pylonen erklommen werden kann. Der Turm ist das ganze Jahr über zugänglich. Wenn er bewirtet ist, was normalerweise an Wochenenden oder Feiertagen zutrifft, wird eine Fahne in den Pfullinger Stadtfarben mit dem Albvereinssymbol gehisst. Der Turm ist übrigens unter dem Namen »Onderhos« in der »Miniwelt« im sächsischen Lichtenstein zu bewundern. Bei einem Besuch des Pfullinger Bürgermeisters dort entstand die Idee, das Pfullinger Wahrzeichen in die Reihe weltbekannter Bauwerke aufzunehmen. Die markante Doppel- oder Zwillingsbauweise wurde übrigens erst durch Stahlbeton möglich, was den Turm sowohl für damalige (er wurde 1905 bis 1906 erbaut) wie heutige Maßstäbe einzigartig macht. Den Turm kann man entweder aus der Stadt heraus erwandern (dies ist recht weit) oder sich noch ein Stück, bis zum Wanderparkplatz, im Auto nähern. Insbesondere die zweite Variante eignet sich als Nachmittagsspaziergang. Vom Parkplatz aus geht es noch vor der Schranke links den Berg hinauf in den Wald hinein. Als Rückweg wählt man am besten den Weg links des Aufstiegs. Dieser führt durch die Nordwestflanke des Schönbergs. Bald gelangt man so aus dem Wald und über einen geteerten Fahrweg zurück zum Wanderparkplatz.

■ **Baumannsche Mühle:** *Josefstraße 5, 72793 Pfullingen, Telefon (0 71 21) 70 32 08. Öffnungszeiten: Mai bis Oktober, sonn- und feiertags 14–17 Uhr.*

■ **Wassererlebnispfad Echaz:** *Der Pfad beginnt am Parkplatz in der Sandwiesenstraße. Bei der Tourist-Info der Stadt Pfullingen im Rathaus gibt es kostenlos eine sehr lohnende Broschüre, in der viele Informationen zum Erlebnispfad stehen. Marktplatz 5, 72793 Pfullingen, Telefon (0 71 21) 7 03-2 08. Länge des Wassererlebnispfads: 1,5 Kilometer.*
→ *www.pfullingen.de*

■ **Schönbergturm:** Der Turm hat eine eigene Homepage! *Länge des Spaziergangs zum Schönbergturm ab Wanderparkplatz: 4 Kilometer.*
→ *www.pfullingeronderhos.de*

■ **Pfullingen:** *Tourist-Information, Rathaus, Marktplatz 5, 72793 Pfullingen, Telefon (0 71 21) 7 03-2 08.*
→ *www.pfullingen.de*

Beim Märchenschloss

Schloss Lichtenstein – Ruine Alt-Lichtenstein – AbenteuerPark – Wilhelm-Hauff-Museum – Hotel »Forellenhof Rössle«

Schloss Lichtenstein ist ein Märchenschloss, wie es im Buche steht. Und das im eigentlichen Wortsinn: Denn bevor es errichtet wurde, hatte der Dichter Wilhelm Hauff das Schloss in einem Roman beschrieben. Aber nicht nur das imposante Bauwerk ist ein Besuch wert, sondern auch der direkt daneben liegende AbenteuerPark. Im Hauff-Museum kann man außerdem in die Märchenwelt dieses Romantikers eintauchen.

Dass berühmte Gebäude literarisch verwertet werden, ist nichts Besonderes. Im Falle von **Schloss Lichtenstein** verhält es sich aber genau umgekehrt. Der Dichter Wilhelm Hauff hatte im 19. Jahrhundert in seinem Roman »Lichtenstein« eine Burg beschrieben, die 14 Jahre nach Erscheinen des Buches und in Anlehnung an das darin beschriebene Bauwerk errichtet wurde. Das auf einem steilen Felsen in 817 Meter Höhe errichtete Schloss entstand in den Jahren 1840 bis 1842. In einer dreißigminütigen Führung können Besucher im Erdgeschoss die Waffenhalle mit mittelalterlichen Rüstungen und Waffen besichtigen, die Schlosskapelle und die »Trinkstube«, mit ihren zahlreichen Sinn- und Trinksprüchen. Für Groß und Klein immer spannend ist das berühmte Bildnis des »Schützen von Lichtenstein«, der einem mit den Augen zu folgen scheint, aus welcher Richtung man auch zu ihm blickt. Noch heute befindet sich das Schloss übrigens im Privatbesitz der herzoglichen Familie von Urach.

Hauffs Lichtenstein

Die »romantische Sage«, wie der Roman »Lichtenstein« im Origi-

Einsam, imposant, wie einem Märchenbuch entstiegen, steht Schloss Lichtenstein auf einem Felsen oberhalb von Honau.

nal untertitelt ist, erschien 1826 in drei Teilen in Stuttgart. Sie erzählt, wie der vertriebene Herzog Ulrich sein Land Württemberg zurückerobert – wenn auch nur für kurze Zeit. Mit dem historischen Sachverhalt wird dabei aber recht freizügig umgesprungen. Verfasst hat den Roman der Dichter Wilhelm Hauff (1802–1827) nur ein Jahr vor seinem frühen Tod durch ein Nervenfieber. Hauff stammte aus Stuttgart, hatte in Tübingen Theologie studiert, war nach seinem Doktorexamen erst Hofmeister in der Familie des württembergischen Kriegsministers, dann Redakteur beim damals berühmten Cotta'schen Morgenblatt geworden.

Rund 500 Meter südöstlich des Schlosses Lichtenstein, oben, direkt am steil abfallenden Fels über dem Tal, durch das sich heute die Bundesstraße B 312 windet, liegen die Reste der **Ruine Alt-Lichtenstein.** Sie war einst die Stammburg der Herren von Lichtenstein. Vermutlich in der zweiten Hälfte des 12. Jahrhunderts wurde sie erbaut und 1377 letztmals zerstört. 1389 kam sie als »verfallen Gut« an das Haus Württemberg zurück. Seit 1995 sind die alten Gemäuer wieder freigelegt und ein lohnendes Ziel nach einem Besuch von Schloss Lichtenstein.

Unterhalb des Schlosses befinden sich ein Restaurant mit Gartenwirtschaft, ein Kiosk, eine große Spielwiese mit Kinderspielplatz und Grillstelle sowie der sogenannte **AbenteuerPark**. Dieser bietet Nervenkitzel besonderer Art: Tarzan und Spiderman sind die großen Vorbilder, denen man hier nacheifern kann. Mitmachen kann jeder ab acht Jahren, der genügend Mut, Fitness und Trittsicherheit mitbringt. Im Klettergurt, mit Karabiner und Helm ausgerüstet und mit Seilen gesichert, stehen die Teilnehmer auf kleinen Plattformen in bis zu 16 Meter Höhe. Von dort bewegen sie sich gehend, kletternd, schwingend oder rutschend von einer Plattform zur anderen. Je nach Mut und Klettererfahrung kann man verschiedene Parcours begehen.

Für Familien mit kleineren Kindern und Familien, die es ruhiger angehen wollen, bietet sich ein Besuch in Honau unten im Tal an: Wilhelm Hauff wurde in Honau ein kleines, aber feines Museum gewidmet. Es würdigt den Dichter, der nur 24 Jahre alt wurde. Hinterlassen hat er nicht allein seinen Roman »Lichtenstein« und zahlreiche Novellen. Von ihm stammen, was vielleicht gar nicht so viele wissen, die bekannten und beliebten Märchen »Zwerg Nase«, »Kalif Storch«, »Der kleine Muck« und »Das kalte Herz«. Das **Wilhelm-Hauff-Museum** bietet Familien- und Seniorenprogramme sowie Sommerferienprogramme für Kinder. Auch Kindergeburtstage können hier gefeiert werden. Eine Kinderecke im Museum lädt Kinder unabhängig von allen Programmen zum Malen oder Anschauen von Hauffs Märchenbilderbüchern ein.

Zum Ausklang eignet sich das familienfreundliche **Hotel »Forellenhof Rössle«** mit hauseigener Forellenzucht. In den Sommerferien werden hier oft Sonderaktionen angeboten: Dann kann es zum Beispiel vorkommen, dass Kinder in Begleitung von zwei Erwachsenen gratis essen.

- **Schloss Lichtenstein:** *Schlossverwaltung, 72805 Lichtenstein, Telefon (0 71 29) 41 02. Öffnungszeiten: April bis Oktober täglich 9–12 und 13–17.30 Uhr, sonn- und feiertags durchgehend; November, Februar, März, Samstag, Sonntag und feiertags 9–12 und 13–17 Uhr (Dezember und Januar geschlossen). Tipp: Der nur wenig weiter entfernte Waldparkplatz ist kostenlos.*
  → *www.schloss-lichtenstein.de*

- **AbenteuerPark Schloss Lichtenstein:** *72805 Lichtenstein, Telefon (0 71 29) 69 43 95.*
  → *www.abenteuerpark-schlosslichtenstein.de*

- **Wilhelm-Hauff-Museum:** *Echazstraße 2, 72805 Lichtenstein-Honau, Telefon (0 71 29) 6 96-0. Öffnungszeiten: 1. April bis 15. November, Samstag, Sonntag, feiertags 14–17 Uhr.*
  → *www.gemeinde-lichtenstein.de*

- **Hotel-Restaurant »Forellenhof Rössle«:** *Heerstraße 20, 72805 Lichtenstein-Honau, Telefon (0 71 29) 9 29 70.*

»Spiderwoman« sucht ihren Weg im Klettergarten AbenteuerPark bei Schloss Lichtenstein.

Warme Küche: Montag bis Samstag 11.30–22 Uhr, Sonn- und Feiertage 11.30–20.30 Uhr.
→ *www.forellenhofroessle.de*

- **Gemeinde Lichtenstein:** Rathaus, Rathausplatz 17, 72805 Lichtenstein, Telefon (0 71 29) 69 60.
  → www.gemeinde-lichtenstein.de

Albbüffel und Hofkäse

Metzgerei Failenschmid in Gächingen – Albkorn-Bäckerei in Gomadingen – Hohensteiner Hofkäserei in Ödenwaldstetten

Von St. Johann-Gächingen aus haben die Albbüffel ihren Siegeszug als alternative Fleisch- und Wurstlieferanten, als liebenswertes Vorzeigesymbol für die regionale Produktpalette angetreten. Wieder heimisch gemacht wurden sie ursprünglich (knapp) außerhalb des Biosphärengebiets, in Hohenstein-Meidelstetten, und dort wird auch ihre Milch in der Hohensteiner Hofkäserei verarbeitet. Ein Ausflug, der ganz im Zeichen einer Ernährungskultur für Jung und Alt steht, die wieder mehr auf Regionalität setzt.

So schön Büffel sind – man muss es leider so deutlich sagen –, so gut schmecken sie auch. Ihre gesunde, tiergerechte Aufzucht auf der Schwäbischen Alb inmitten grüner Weiden und im Familienverband und eine weitgehend stressfreie Schlachtung schlägt sich in außergewöhnlich guten Wurst- und Fleischerzeugnissen nieder. Mit der Verwertung der Albbüffel als Nahrungsmittellieferanten wurden auf der Alb auch ganz neue Produkte geschaffen wie der »Albzarella«, eine Mozzarella aus Büffelmilch, oder die »Alb-Göschla«, eine Maultaschenvariante. Büffelwurst und -fleisch kann man in St. Johann-Gächingen in der **Metzgerei Failenschmid** kaufen oder im Landgasthof »Failenschmid« probieren. Hier ist auch der Sitz der »Erzeugergemeinschaft Albbüffel« und in der Nähe eine kleine Herde der imposanten Tiere zu sehen.

Albbüffel

Auch wenn sie ihre Besucher manchmal kritisch zu beäugen scheinen, sie wirken knuffig-liebenswert wie

Mittägliches Kuscheln der großen Albbüffel

übergroße Steiff-Tiere: die Büffel von der Alb, die als »Albbüffel« innerhalb kurzer Zeit zu einem Markenzeichen des Biosphärengebiets geworden sind. Tiefschwarz ist der Albbüffel, zumindest dann, wenn er sich nicht gerade im Matsch gesuhlt hat. Sichelförmige, breit auslaufende Hörner umrahmen einen seltsam flachen, nach vorne geneigten Kopf. »Büffel sind irgendwie wie Älbler – genauso stur, aber auch genauso liebenswert«, sagt der Mann, der für die Rückkehr dieser schönen, anfangs fremd anmutenden Tiere auf die Alb gesorgt hat: Willi Wolf.

Wasserbüffel haben schon einmal in Deutschland gelebt. Allerdings ist das schon mehr als eine Weile her: rund 300 000 Jahre. Nach dem Fundort ihrer Art, bei Steinheim an der Murr, bekamen sie den Namen *Bubalus murrensis*. Jahrtausende war der Büffel dann aus Deutschland verschwunden. Sicher, ein paar gab es in Zoos. Als Nutztier war er aber ausgestorben.

Den Anfang von Willi Wolfs Herde in Meidelstetten machte 2005 Attila, ein Büffelbulle. Eigens für ihn importierte man wenig später Kühe aus Rumänien, die Attila erfreut und mit fröhlichem Grunzen begrüßte (Büffel muhen nicht, sie grunzen). Schnell wurden die Wasserbüffel zu einer Attraktion in Meidelstetten und Umgebung. Obwohl die Tiere inzwischen auch an anderen Standorten auf der Alb vorkommen, wie in Gächingen, steht auch heute noch

»Schau, dorthin gehen wir jetzt«: Kinder wandern gerne von Ziel zu Ziel.

die größte Büffelherde in Meidelstetten und zählt stolze 150 Tiere.

Zur Büffelwurst und zum Büffelkäse gehört ein zünftiges, regionales Brot: ein »Wacholderwecka« oder noch besser ein Büffelbrot, bei dem die Zutaten mit Büffelmilch angerührt wurden. Und das findet man neben vielen anderen Backwaren in der **Albkorn-Bäckerei Glocker** im nahen Gomadingen.

Wer dann noch weitere Büffel sehen will und noch mehr regionale Produkte kennenlernen möchte, kann von Gomadingen aus nach Hohenstein-Ödenwaldstetten fahren. Hier steht auf dem Heidäcker-Hof eine Herde von etwa 40 Tieren, die der Milchgewinnung dienen und von der dazugehörenden **Hohensteiner Hofkäserei** gehalten werden. Sie stellt neben Michprodukten anderer Tiere aus der Milch von Büffeln Käse, Joghurt, Molke und natürlich Milch her und verkauft sie gleich ab Hof. Kinder, die genau wissen wollen,

wo der Käse denn nun herkommt, erfahren bei Helmut Rauscher ganz genau, wie aus grünem Gras am Ende Käse wird. Auch Kutschfahrten werden hier angeboten.

- **Albbüffel:** *Weil die Büffel immer wieder die Weiden wechseln, erkundigt man sich am besten unmittelbar vor einem Besuch, wo sie gerade stehen: in Gächingen im Gasthof »Failenschmid«, in Meidelstetten am Westernreitstall von Willi Wolf oder in Hohenstein bei der Hofkäserei. Wer noch mehr über die Albbüffel, ihre Aufzucht und Haltung erfahren möchte, sollte sich an Willi Wolf in Hohenstein-Meidelstetten wenden, der Führungen zu Fuß oder auch zu Pferd anbietet (siehe auch Ausflug 23).*
  → *www.albbueffel.de*

- **Landgasthof und Metzgerei Failenschmid sowie Albbüffel Erzeugergemeinschaft:** *Im Ortszentrum, Parkstraße 2, 72813 St. Johann-Gächingen, Telefon (0 71 21) 8 28 70. Öffnungszeiten Gasthof: Täglich 11 bis mindestens 21 Uhr, warme Küche 11.30–14 Uhr und 17–21 Uhr.*
  → *www.failenschmid.de*

- **Hohensteiner Hofkäserei:** *Den Hof erreicht man mit dem Auto, indem man von Ödenwaldstetten auf der Achalmstraße (L 248) Richtung Bernloch fährt. Nach 500 Metern links abbiegen. Familie Helmut Rauscher, Heidäcker 1, 72531 Hohenstein-Ödenwaldstetten, Telefon (0 73 87) 12 97. Öffnungszeiten: Dienstag bis Freitag 9–18 Uhr, Samstag 9–13 Uhr, Sonn- und Feiertage: 17–19 Uhr.*
  → *www.albkaes.de*

- **Albkorn-Bäckerei Glocker:** *Hauptstraße 2, 72532 Gomadingen, Telefon (0 73 85) 7 71. Öffnungszeiten: Montag 6.30–12.30 Uhr (nachmittags geschlossen), Dienstag bis Freitag 6.30–12.30 Uhr und 14–18 Uhr, Samstag 6.30–12.30 Uhr, Sonntag 7.30–10.30 Uhr.*
  → *www.albkorn.de*

Verlockender Blick in die Hohensteiner Hofkäserei

Entdeckungen mit GPS und Alb-Guides

AlbEntdecker-Tour Sternberg – Naturerlebnisweg – »Info-Teich«

Natur erleben, das geht auf ganz unterschiedliche Weise. Mit dem GPS-Gerät – auf dem auch Video- und Hörspielsequenzen enthalten sind – können Familien ganz individuell unterwegs sein. Wer es weniger technisch mag, begleitet die sogenannten Alb-Guides auf Wandertouren, mit dem Rad oder im Bus oder feiert ganz einfach einmal einen »Naturgeburtstag«.

Wandern oder Radfahren mit GPS, also satellitenunterstützter Navigation, kommt immer mehr in Mode (siehe auch Ausflug 17). Vor allem Kinder und Jugendliche begeistert es, auf diese Weise unterwegs zu sein. Wenn sie durch die neue Technik neuen Spaß am Naturerleben gewinnen und das zudem nicht zu Hause, im Zimmer vor einem Computer, sondern draußen in der freien Natur, ist das doch ideal. Das hat auch der Naturschutzbund (NABU) erkannt und nach einer einjährigen Planungsphase die erste multimediale Entdeckungstour für die Schwäbische Alb im Bereich des Biosphärengebiets kreiert. Die GPS-unterstützte **NABU-AlbEntdeckertour** »Vom Sternberg ins Weltall und zurück« bei Gomadingen zeigt mitnichten nur den Weg abseits ausgetretener Touristenpfade (obwohl

ja auch das schon etwas ist). Unterwegs werden zudem witzige und unterhaltsame Geschichten über die Natur und die Geschichte des Sternbergs erzählt. Die insgesamt 16 Video- und Hörspielsequenzen sind für Kinder ab sechs Jahren geeignet, aber auch für ältere und sogar Erwachsene interessant. Erzählt wird unter anderem, wie die Alb entstanden ist oder was es mit Wacholderheiden und Hutewäldern auf sich hat. Je nach Kondition oder Alter der Kinder entscheidet man sich für die kurze oder lange Variante der Tour. Der Zeitbedarf für eine Familie liegt bei vier bis sechs Stunden. Immer wenn eine besonders interessante Stelle erreicht ist, gibt das Gerät einen akustischen Hinweis auf die entsprechenden Video- und Audiosequenzen. Als interaktives Extra sind auch Quizfragen oder Lexika mit Infos zu Tieren und Pflanzen gespeichert.

Das sehe ich mir mal näher an!

Alb-Guides und Naturgeburtstag
Wer lieber mit anderen Menschen und nicht mit einem elektronischen Gerät wandert, ist ebenso beim NABU richtig. Die Alb-Guides des NABU sind ausgebildete Naturlandschaftsführer, die viel mehr über ihre Region zu erzählen wissen, als in irgendeinem Buch zu lesen ist. Es gibt feste Touren, an denen Familien oder Einzelne nach Anmeldung teilnehmen können. Alb-Guides sind aber auch für die unterschiedlichsten Gruppen und Gruppierungen individuell zu buchen.

Wer einmal einen ganz besonderen Kindergeburtstag ausrichten will, kann für das Geburtstagskind und dessen Gäste einen Mittag mit den Alb-Guides buchen. »Feiern, Forschen, Spielen« lautet das Motto der Feier draußen in der Natur. Die Kinder suchen Tierspuren im Wald oder schauen, was alles in einer Pfütze ist. Bei allem wird das Interesse an der Natur geweckt. Dass dies mit viel Spiel und Spaß verbunden ist, dafür sorgen die gut ausgebildeten Betreuer. Entweder sie gestalten aus einer Fülle von Erlebnisspielen den Nachmittag individuell nach den jeweils örtlichen Gegebenheiten oder Eltern und Kind wählen eines der für Kinder zwischen 4 und 12 Jahren ausgearbeiteten Programme aus. Ein Naturgeburtstag dauert etwa drei Stunden. Anschließend bietet es sich an zu grillen oder zu picknicken, das organisieren die Eltern selbst.

Der Sternberg ist per se ein lohnendes Wanderziel. Auf seinem Gipfel stehen ein Wanderheim des Albvereins und ein 32 Meter hoher, ständig geöffneter Aussichtsturm, von dem der Blick über die Alb um Münsingen, nach Norden über den Albtrauf, nach Süden an guten Tagen bis zur Alpenkette reicht. Rund um den Berg gibt es geologisch und botanisch viel Erzählenswertes. An seinem Südwesthang locken eine schöne und ausgedehnte Wacholderheide, aber auch ein Schaufeld, das wegen seiner heute weitgehend unbekannten Feldfrüchte wie Dinkel, Flachs oder Mohn von Interesse ist. Den Sternberg hinauf führt der Planetenweg. Der ist eigentlich sehr gut gemacht, doch weil maßstabsgerecht gearbeitet wurde, sind für Kinder die Abstände zwischen den einzelnen Stationen zu groß und vielleicht auch zu abstrakt. In Teilen ist er in die GPS-Tour einbezogen. Eine empfehlenswerte Alternative mit Kindern ist am Sternberg der liebevoll gemachte **Naturerlebnisweg:** Die Fußabdrücke eines Wildschweins weisen den Weg, auf dem in 36 Stationen alle Sinne angesprochen werden.

Unterhalb von Gomadingen, direkt an der L 249, gibt zudem etwas sehr Nettes für Kinder: den frei zugänglichen **»Info-Teich«**. Rund um den Teich stehen Info-Tafeln zu Themen der Schwäbischen Alb. In den Teich ragt ein Steg, von dem aus Kinder auf ein frei bewegliches hölzernes Floß gelangen und über den Teich staken können. Wie auch immer: Ein Ausflug zum Sternberg, verbunden noch mit einem Besuch des Gestütshofs und des Gestütsmuseums Offenhausen (siehe Ausflug 22) ist nie verkehrt.

■ **GPS-Verleihe:** *Alle direkt am Fuße des Sternbergs. Im Feriendorf Gomadingen, Stuttgarter Weg 1, 72532 Gomadingen, Telefon (0 73 85) 9 69 80; Verleih: montags bis freitags 9–12 und 14–18 Uhr. Im Gasthof »zum Lamm«, Hauptstraße 3, 72532 Gomadingen, Telefon (0 73 85) 9 61 50; Verleih: Samstags, sonntags und feiertags 9–18 Uhr. Geräte müssen bis 18 Uhr am selben Tag zurückgegeben werden. Es empfiehlt sich, sie zu reservieren (Online-Reservierung unter www.nabu-albentdecker.de) und bis 12 Uhr abzuholen. Als Pfand muss ein Ausweis oder 50 Euro hinterlegt werden. Ausgangs-*

Vom Sternbergturm hat man eine weite Aussicht, manchmal sogar bis zur Alpenkette.

Das frei bewegliche Floß auf dem »Info-Teich«, am Ortsrand von Gomadingen, ist ein Riesenspaß für Kinder.

und Endpunkt der Touren ist der Parkplatz neben dem Gomadinger Sportplatz. Die Touren sind nicht kinderwagen- oder rollstuhlgeeignet. Kosten: Pro Gerät 9.50 Euro; für Nabu-Mitglieder die Hälfte. Länge der GPS-Sternberg-Tour: 6 Kilometer bzw. 4 Kilometer.

■ **Alb-Guides:** *Beratung, Buchung, Programmheft über die Tourist-Information Münsingen, Telefon (0 73 81) 1 82-1 45, Alb-Guide-Hotline (kostenlos) Telefon (08 00) 8 80 20 82 02.*
➜ *www.alb-guide.de*

■ **Naturgeburtstage:** *Sie können über die NAJU (Naturschutzjugend) Baden Württemberg gebucht werden; Christoph Böckheler, Telefon (07 11) 6 15 36 44.*
➜ *www.alb-guide.de*
➜ *www.naturgeburtstag.de*

■ **Planetenweg:** *Start am Parkplatz beim Sportheim Gomadingen (Broschüre dazu erhältlich bei der Tourist-Info Gomadingen, Telefon (0 73 85) 96 96-0. Länge: 9,8 Kilometer (zuzüglich Rückweg: 7,5 Kilometer), insgesamt also 17,3 Kilometer! Zu lang für Kinder!*

■ **Naturerlebnisweg:** *Start am Parkplatz beim Sportheim Gomadingen. Länge: 3 Kilometer.*

■ **Wanderheim auf dem Sternberg:** *Telefon (0 73 85) 17 90 (Ute Leuze). Öffnungszeiten: Samstags, sonn- und feiertags. Turm immer geöffnet.*

■ **Gomadingen:** *Tourist-Information Gomadingen im Rathaus, Marktplatz 2, 72532 Gomadingen, Telefon (0 73 85) 96 96 33.*
➜ *www.gomadingen.de*

Biosphärengebiet Schwäbische Alb Nord-Ost

Reise in die Vergangenheit

Freilichtmuseum Beuren – Bodenlehrpfad – Wanderung um den Engelberg – (Panorama Therme) – Freibad Oberlenningen

Familien kommen gerne nach Beuren ins Freilichtmuseum. Für sie gibt es hier ein schier unerschöpfliches Angebot. Wer sich zudem auch außerhalb des Museums bewegen will, begeht den Bodenlehrpfad oder wandert um den Engelberg. Die nahe Panorama Therme ist reizvoll und schön, aber nur für Familien mit älteren Kindern geeignet. Mit kleineren Kindern ist das Freibad in Oberlenningen eine gute Alternative.

Das **Freilichtmuseum Beuren** liegt am Ortsrand des Kurortes. Wie es sich in seiner hügligen Umgebung zwischen die Obstbaumwiesen schmiegt, sieht es mittlerweile wie ein gewachsenes Dorf aus. Alte Bauernhäuser und Wirtschaftsbauten aus dem Landkreis Esslingen sind hier versammelt. Die Häuser, die von der Alb stammen, sind dabei stilecht um eine Hüle (einen Teich) gruppiert. Attraktiv sind für Familien natürlich die mehrmals im Jahr stattfindenden Museumsfeste wie die »Schäfertage« (3. Wochenende im April), das »Museumsfest« (3. Sonntag im Juni) oder das »Moschtfest« (2. Wochenende im Oktober), denn dann gibt es Mitmachaktionen oder Vorführungen der verschiedensten Art. Überhaupt sind die zahlreichen Veranstaltungen immer ein guter Aufhänger für einen Ausflug hierher. Doch auch wer »einfach so« ins Museum kommt, findet viele Anregungen, den Besuch spannend zu gestalten: Viel Spaß macht Kindern die Entdeckungsreise durchs Museum mit einem Audioguide, bei dem auch authentische Geräusche nicht fehlen, oder mit dem ebenfalls entleihbaren »Familienführer«. Kleine Kinder sitzen von »Haus zu Haus«

Wie ein gewachsenes Dorf sieht es aus, das Freilichtmuseum am Ortsrand von Beuren.

vielleicht gerne im kostenlos entleihbaren »Handleiterwägele«. Auf den Wirtschaftsflächen sind teils fast verschwundene landwirtschaftliche Produkte wie die »Alb-Leisa«, die Alb-Linsen, gepflanzt. Es ist dabei nicht nur für Kinder interessant und oft neu, was man nur aus dem Päckchen kennt, auch einmal an der Pflanze zu entdecken. Auf den Weiden und in den Ställen treffen Kinder begeistert auf Schafe, Ziegen, Hühner, Hasen oder auch die Museumskatze. Eine Kuriosität ist der Schneckengarten. Je nach Lust und Laune kehrt man anschließend in der Museumsgaststätte ein, versorgt sich im »Tante-Helene-Lädle« oder verzehrt Mitgebrachtes am »Vesperplatz«, der an den großen Spielbereich grenzt. Ein »Fachwerkhäusle«, ein Baumhaus, ein Teich, ein Bachlauf und eine Wasserpumpe lassen Kinder gerne auch länger verweilen. Ein Fußball für den kleinen Bolzplatz kann gegen Pfand ausgeliehen werden. Am allerschönsten ist es im Museum für Kinder aber immer dann, wenn eigens für sie konzipierte Veranstaltungen auf dem Programm stehen. Auch Kindergeburtstage können hier gefeiert werden.

Direkt am Parkplatz des Museums beginnt ein **Bodenlehrpfad**, aufgeteilt in eine größere und kleinere Runde. Eigentlich ist er sehr schön gemacht, einerseits fast wissenschaftlich, andererseits durch die Erklärungen des Regenwurms »Bodo« aber auch kindgerecht. Leider ist er momentan nicht ausreichend eindeutig markiert, so dass es, will man ihn gehen, Sinn macht, das ausführliche Begleitheft zu kaufen.

Eine gute Alternative ist die ausgesprochen familienfreundliche kleine **Wanderung rund um den Engelberg**. Start wie auch Ziel ist der Parkplatz am Freilichtmuseum. Von dort geht es ein Stück weit am Engelberg entlang, der übrigens ein ehemaliger Vulkanschlot ist. Über die Blumentobelhütte, vorbei an der »Schopf« genannten Schuppenanlage, ist bald der Spielplatz »Lehmgrube« erreicht, der sich aus Spielwiese, Rutsche und Grillstelle zusammensetzt. Anschließend geht es in Richtung Tunneleingang zu einem Abstecher in die Ortsmitte oder um zurück zum Ausgangspunkt zu gelangen. Diese und andere Wanderungen und Nordic-Walking-Touren rund um Beuren finden sich in der kleinen, im Museum zu erwerbenden Broschüre mit dem Titel »Beurener-Albtrauf-Touren«.

Um 1970 hat man seiner vulkanischen Vergangenheit wegen in Beuren erfolgreich nach Thermalwasser, also heiß aus dem Boden strömendem Wasser gebohrt und gleich zwei Quellen gefunden. In mehreren Etappen ist daraufhin die **Panorama Therme** entstanden. Heute umfasst sie sieben Thermalwasserbecken mit einer Temperatur von 28 bis 40 Grad Celsius sowie ein Kaltwasser-Becken mit 24 Grad Celsius, einen Dampfbadbereich, einen großen Saunabereich sowie eine Thermen-Grotte. In der Panorama Therme gibt es keine Kinderermäßigung und keinerlei kindgerechte Angebote, Kinder haben überhaupt erst ab sechs Jahren Zutritt. Der Grund dafür ist, dass die Therme bewusst Heilbad ist. Sie empfiehlt daher Familien andere Bäder in der Region.

Das auch seiner malerischen Lage wegen weithin beliebte **Freibad Oberlenningen** ist deshalb – zumindest im Sommer – für Familien mit Kindern die ideale Alternative. Im Mutter-Kind-Bereich findet man ein großzügig angelegtes Kinderplantschbecken sowie einen Sandspielbereich mit Sonnensegel. Größere Kinder haben ihren Spaß auf der Breitrutsche oder am 1-Meter-Sprungbrett, an den Wasserspeiern oder am Wasserfall.

■ **Freilichtmuseum Beuren:** *Das Museum ist ab der Autobahnausfahrt »Kirchheim/Teck-Ost« mit dem Museumslogo ausgeschildert. Kinderführungen sind möglich. In den Herbstwiesen, 72660 Beuren, Telefon (0 70 25) 9 11 90-50 oder Telefon (0 70 25) 9 11 90-90. Öffnungszeiten: Ende März bis Anfang November täglich außer montags 9–18 Uhr.*
→ *www.freilichtmuseum-beuren.de*

■ **Bodenkundelehrpfad:** *Start am Parkplatz des Freilichtmuseums. Länge: 3 Kilometer.*

■ **Wanderung um den Engelberg:** *Start am Parkplatz des Freilichtmuseums. Länge: 3,8 Kilometer.*

■ **Panorama Therme:** *Am Thermalbad 5, 72660 Beuren, Telefon (0 70 25) 9 10 50-0, Öffnungszeitenansage-Telefon (0 70 25) 9 10 50 11.*
→ *www.beuren.de*

■ **Freibad Oberlenningen:** *Heerweg 18, 73250 Oberlenningen, Telefon (0 70 26) 6 09 21 36.*

■ **So sieht die »Alb-Leise«, die Alblinse, aus, bevor sie im Päckchen und im Laden landet.**

Öffnungszeiten: Während der Sommermonate 10–19.30 Uhr (Achtung, die Gemeinde behält sich vor, bei schlechtem Wetter das Bad ab 13 Uhr zu schließen!).
→ *www.lenningen.de*

■ **Beuren:** *Rathaus, Linsenhofer Straße 2, 72660 Beuren, Telefon (0 70 25) 9 10 30-0. www.beuren.de*

Wasserfälle und Höhlen

Neidlinger Wasserfall – Heimensteinhöhle – Neidlinger Kugelmühle

Spannende Wasserfälle und ihre besondere Tierwelt entdecken, eine sagenumwobene »wilde« Höhle erkunden, auf abenteuerlichen Pfaden unterwegs sein: Das alles bringt dieser Ausflug, von dem man sich am Ende noch eine bleibende Erinnerung aus der Kugelmühle mit nach Hause nehmen kann.

Eigentlich könnte man die hier beschriebene Wanderung direkt in Neidlingen beginnen, zum Beispiel am Rathaus, wo wir dem Wegzeichen blaues Dreieck folgen könnten. Das allerdings würde etliche Höhenmeter mehr und – hin und zurück – zusätzliche 5 Kilometer zur empfohlenen Wanderstrecke bedeuten.

Neidlingen

Am Fuße des Albaufstiegs gelegen, blickt Neidlingen auf eine erstaunlich lange und nicht minder abenteuerliche Geschichte zurück. Es gehört, wie die Endung »ingen« im Ortsnamen zeigt, zur ältesten Siedlungsschicht. Und tatsächlich wurde der Ort bereits 796/97 erstmals urkundlich erwähnt. Im 11. und 12. Jahrhundert gehörte es vermutlich zum Gebiet der Herzöge von Zähringen und Teck. Zwei Burgen entstanden damals, von denen aber nichts weiter erhalten ist. 1596 kam Neidlingen an Württemberg, wurde aber nun an den Alchimisten von Mühlenfels verschenkt. Doch der wurde bald darauf als Betrüger entlarvt und gehenkt. Nach Ende des Dreißigjährigen Kriegs, in dem es wechselnde Besitzer hatte, kam Neidlingen an Württemberg zurück. Von einem Wasserschloss aus dem 16. Jahrhundert sind noch Reste der

Solche wie ihn trifft man im Sommer am Kopfende des ersten der Neidlinger Wasserfälle zuhauf.

Außenmauer und der Wälle vorhanden.

Für Familien, die unterwegs noch genügend Kraft brauchen, ist es sinnvoller, mit dem Auto von Neidlingen noch ein Stück weit Richtung Wiesensteig zu fahren und die Wanderung am Wanderparkplatz »Untere Wendung« zu beginnen. Von dort führt sie über die Neidlinger Wasserfälle zum Heimenstein. Burg Reußenstein wird nicht erstiegen, begleitet aber als eindrucksvolle Silhouette nahezu die gesamte Wanderung. Direkt beim Wanderparkplatz gibt es eine Grillstelle mit großer schöner Wiese. Doch zunächst soll erst einmal auf Entdeckungsreise gegangen werden. Dazu folgt man dem gut ausgebauten Wanderweg bergauf. Bald zweigt an einer Gabelung nach rechts ein mit einem blauen Dreieck markierter Weg ab. Zusätzlich gibt es ein Hinweisschild: »Bahnhöfle über Wasserfall«. Schon bald ist der **Neidlinger Wasserfall** erreicht, der erste jedenfalls. Zwar ist er nicht beeindruckend groß, aber ideal dafür geschaffen, von Kindern ausgiebig erkundet zu werden. Über moosbewachsene Steine ergießt sich sein in viele Rinnsale aufgeteilter Zufluss und lädt dazu ein, nach oben zu klettern. Oben angekommen gibt es Spalten zu entdecken, aus denen in Starkregenzeiten weiteres Wasser fließt. Spannender fast noch als der Wasserfall sind die Falter, die hier häufig zu sehen sind: Der »Braune Bär« genannte Schmetterling ist etwa drei Zentimeter groß und wirkt durch die in Ruhestellung waagrecht gehaltenen Flügel wie ein futuristisches Raumschiff. Sei-

So entstehen die schönen Kugeln und Murmeln der Kugelmühle.

ne großen Vorderflügel sind braunweiß marmoriert. Sie und sein darunter hervorschauender hinterer Flügel bilden scheinbar ein orangefarbenes Dreieck.

Zur Fortsetzung der Wanderung folgt man dem sich rechts vom Wasserfall halblinks den Hang hinaufziehenden, schmalen Pfad. Er bleibt so schmal, oft etwas rutschig und zwingt immer wieder dazu, über die Stämme umgestürzter Bäume zu klettern. Kein Wunder, schließlich führt er mitten durch den Bannwald. Mit der Ankunft oben am Trauf, ist zugleich das Etappenziel »Bahnhöfle« erreicht. Seinen Namen trägt es, weil hier viele Wege zusammenlaufen. Der gleichnamige Wanderparkplatz ist selbst ein beliebter Ausgangspunkt für Wanderungen, unter anderem zum Reußenstein und zum Heimenstein. Der Heimenstein, das ist nun auch das nächste Ziel dieser Wanderung und unseres

Ausflugs. Dazu folgt man zunächst dem Hauptweg in den Wald, von dem nach kurzer Zeit ein mit einem roten Dreieck gekennzeichneter Pfad abzweigt. Der Heimenstein ist zunächst nur ein eindrucksvoller Fels oder, wie es geologisch richtig heißt, ein »Oberjura Schwammstotzen«. Wichtiger ist, dass er eine schöne Aussicht ins Neidlinger Tal bietet und natürlich die **Heimensteinhöhle**, die durch das zwar kurze, aber ganz und gar dunkle Zwischenstück recht abenteuerlich ist. Sie erstreckt sich rund 80 Meter von der Süd- bis zur Nordwand. Mit einer Taschenlampe lässt sie sich erforschen. Nach dem Besuch der Höhle folgt man dem roten Dreieck, um ebenerdig auf der Hochfläche bis zur »Hindenburg-Schutzhütte« zu wandern. Dort reizt, zumindest die Erwachsenen, noch einmal der Blick ins Tal und zum Reußenstein, bevor, rechts von der Hütte, entlang am Geländer der Abstieg beginnt. Auf genauso schmalem Pfad wie herauf geht es nun wieder hinunter. Auf halber Strecke ins Tal trifft man auf den »Neidlingertal-Traufweg«, dem man nach rechts folgt. Über zwei kleinere Arme der Neidlinger Fälle gelangt man zur ersten großen (Links-)Kehre des Wegs, wo man ihn verlässt und geradeaus weitergeht. Dann schließt sich die Runde: Der zuerst besuchte Wasserfall ist zugleich das letzte Ziel. Das letzte Stück zum Parkplatz wird auf demselben Weg wie eingangs zurückgelegt.

Die Sage vom Heimenstein
Um die Höhle am sogenannten Heimenstein rankt sich eine Sage: Es heißt, in dieser Höhle habe als Wächter über einen Schatz der Riese Heime gehaust. Irgendwann hatte er wohl das Leben in der Höhle satt und erbaute sich Burg Reußenstein. Als er kurz vor deren Vollendung feststellen musste, dass an einem Fenster, ganz oben, in schwindelnder Höhe ein Nagel fehlte, verweigerte er seinen Handwerkern die noch ausstehende Bezahlung. Demjenigen aber, der die gefährliche Arbeit am Fenster wagen würde, versprach er den zehnfachen Lohn. Nur ein einziger, ein armer Schlossergeselle, war so mutig, sich zu melden. Darüber freute sich Heime so sehr, dass er ihn am Genick aus dem Fenster hielt, so dass er den Nagel gefahrlos einschlagen konnte.

In der **Kugelmühle Neidlingen** wurde ein hunderte Jahre altes Handwerk neu belebt, mehr noch, vor dem Aussterben bewahrt. Die Kugelmühle Neidlingen ist nämlich eine der letzten noch produzierenden Kugelmühlen in ganz

Die Heimensteinhöhle in einer Buchillustration aus dem 19. Jahrhundert

Deutschland. Sie erfand sogar ein Rohstoff sparendes Verfahren, das die Rohlinge aus Bohrkernen gewinnt – mitsamt den erforderlichen Maschinen. Ausschließlich mit Wasserkraft werden die Rohlinge dann innerhalb von 24 Stunden zu Kugeln und Murmeln gerollt. Das Ausgangsmaterial stammt ausschließlich aus Baden-Württemberg, überwiegend sogar aus der allernächsten Umgebung. Jede Kugel ist einzigartig in ihrer Maserung, keine kostspielige, aber eine kostbare und besondere Erinnerung an einen gelungenen Ausflug.

Wanderung: *Ausgangspunkt ist der rund 2 Kilometer nach Neidlingen in Fahrtrichtung Wiesensteig liegende Wanderparkplatz »Untere Wendung«. Die Wanderung ist nicht mit einem Kinderwagen oder kleinen Kindern machbar. Länge der Wanderung: 9,8 Kilometer*

Heimensteinhöhle: *Frei zugänglich außerhalb der Brutzeiten; im Neidlinger Rathaus informieren! Taschenlampe nicht vergessen!*

Kugelmühle Neidlingen: *Mühlstraße 31, 73272 Neidlingen, Telefon (01 60) 3 28 74 50. Öffnungszeiten: Sonn- und feiertags 11–18 Uhr. Führungen und Eintritt frei.*
→ *www.kugelmuehle-neidlingen.de*

Neidlingen: *Rathaus, Kelterstraße 1, 73272 Neidlingen, Telefon (0 70 23) 90 02 30.*
→ *www.neidlingen.de*

Wandern im Vulkanschlot

Vogelzug am Randecker Maar – Biohof Ziegelhütte – Schmetterlingswanderung – Naturschutzzentrum Schopflocher Alb

Das Randecker Maar, ein ehemaliger Vulkanschlot der Schwäbischen Alb, ist heute ein reizvolles Wandergebiet, das vor allem durch den dort beobachtbaren Vogelzug als einzigartig gilt. Das nahegelegene Naturschutzzentrum Schopflocher Alb hat inzwischen eine Doppelfunktion: Es ist regionales Umweltbildungszentrum und zugleich neues Infozentrum für das UNESCO-Biosphärenreservat.

Ein Besuch des Randecker Maars lohnt sich ganz besonders zwischen Ende August und Anfang November, denn es hat eine überregionale Bedeutung für den **Vogelzug**. Weil der nordöstliche Abschnitt des ursprünglich kreisrunden Kraters teilweise abgetragen ist, geschieht der Albaufstieg hier nicht stufenförmig wie fast überall sonst entlang des Albtraufs. Stattdessen verläuft er sanft und kontinuierlich ansteigend von etwa 350 Meter über Normalnull bis auf rund 800 Meter im Randbereich. Die auf breiter Front nach Süden ziehenden Zugvögel nutzen diesen durch den Zipfelbach geschaffenen Einschnitt als bequeme Art, den Albtrauf zu überwinden. 150 verschiedene Vogelarten, aber auch wandernde Insekten, darunter verschiedene Schmetterlingsarten, kommen auf ih-

Blick ins Randecker Maar, vom Kraterrand aus, beim Biohof Ziegelhütte

rem Flug von oder nach Nordafrika hier durch. Seit rund 40 Jahren besteht die Forschungssstation Randecker Maar. Sie nutzt die nahezu einmalige Gelegenheit, dass die »Ziehenden« fast auf Augenhöhe hier gezählt und bestimmt werden können. Aber auch für jeden Laien, für Wanderer und Familien ist und bleibt es ein unvergessliches Erlebnis. Leider ist die Beobachtungsstation selbst Besuchern nur am »Tag der offenen Tür« zugänglich.

Aber auch das Randecker Maar als solches ist ein Erlebnis. Um einen guten Überblick zu bekommen, steuert man am besten den **Biohof Ziegelhütte** an. Durch den Hof sind es nur ein paar Schritte bis zu einem Aussichtspunkt, der den optimalen Ausblick bietet: über das Maar, vorbei an der Limburg bis ins Vorland und über die Hochfläche hinüber nach dem halb im Wald versteckten Mörikefelsen und dem links davon sichtbaren kleinen Ort Ochsenwang. Dort war der Dichter Eduard Mörike Vikar, dort verlebte er seine glücklichste Zeit. Am Hof selbst kann man hofeigene Sauermilch, Holundersaft, Käse oder andere regionale Produkte probieren. Kinder schauen übrigens abends auch gerne zu, wenn die Kühe getragenen Schritts von der Weide zum Stall zurückkehren.

Das Randecker Maar
Das Randecker Maar ist ein ehemaliger Vulkanschlot der Schwäbischen Alb, der vor circa 17 Millionen Jahren entstanden ist. In einer gewaltigen Gaseruption wurde dabei ein Krater mit rund 1,2 Kilometer Durchmesser in die Albfläche gesprengt. Er gehörte in ein 40x50 Kilometer großes Gebiet, auf dem

350 Vulkane nachgewiesen sind und dessen entferntester Ausläufer der »Scharnhäuser Vulkan« (bei Stuttgart an der Straße von Scharnhausen nach Ruit) ist. Der Name »Randecker Maar« wurde um 1870 geprägt. Er leitet sich ab von der Ähnlichkeit mit den Eifelmaaren und dem Namen der Domäne Randeck.

Gegenüber der Zufahrt zum Biohof führt ein schmales Sträßchen hinauf zum Wanderparkplatz »Mönchberg« und der bietet sich an als Ausgangspunkt für eine kurze, aussichtsreiche und durch die vielen Falter im Sommer auch für kleinere Kinder erlebnisreiche **Schmetterlings-Wanderung**. Kinderwagengeeignet ist sie allerdings

Abends kommen die Kühe von der Weide zurück in den Stall.

nicht. Vom Wanderparkplatz nur wenige Schritte entfernt, sieht man von oben über den Hof Ziegelhütte und hinein ins Randecker Maar. Dann wendet man sich in Richtung Norden und folgt dem leicht ansteigenden Weg hinauf zum Schafbuckel, biegt aber an der ersten Möglichkeit links ab und geht innen an der Heckenreihe entlang weiter. Der Schafbuckel trägt seinen Namen zu Recht, dient er doch als Schafweide. Gerade deshalb gibt es hier im Herbst so viele und schöne Silberdisteln wie kaum sonst irgendwo im Landkreis. Den Weg säumen die typischen Hecken. Sie sind entstanden, weil Bauern über Jahrhunderte hinweg immer wieder die weißen Kalksteinbrocken aus ihren Äckern lasen und am Rand auf Häufen warfen, wo sie Steinriegel bildeten. Auf diesen Lesesteinriegeln siedelten sich Hecken aus Schlehen, Holunder, Liguster, Weißdorn und Heckenrosen an. Um Reisig zu gewinnen, wurden sie immer wieder gestutzt. Erst heute verwildern sie an vielen Stellen immer mehr, überaltern und werden zu Baumreihen. Hier sieht man Hecken in allen Altersstufen. Schmetterlinge flattern herum. So zum Beispiel der »Admiral«, ein schwarzbrauner Schmetterling mit orangefarbenem Band und weißen Flecken an der Spitze der Vorderflügel. Im Osten sieht man fast die ganze Zeit hinüber zur im Wald imposant aufragenden Ruine Reußenstein. Ist der Trauf erreicht, hat man eindrucksvolle Ausblicke den Steilabfall hinunter ins Albvorland. Hier stand im Mittelalter die heute nicht mehr vorhandene Burg Randeck. Sie wurde wohl im 13. Jahrhundert erbaut und verfiel, als die Herrscherfamilie zu Beginn des 15. Jahrhunderts ausstarb. Am Trauf entlang wandert man nun durch eine schöne Wacholderheide. Zerreibt man ein paar Nadeln zwischen den Fingern, ist das intensive Aroma noch lange zu riechen. Ist es ein windstiller Sommertag, sind an den zahlreichen im hohen Gras versteckten blühenden Pflanzen viele Schmetterlinge unterwegs. Mitten durch diese schöne Heide geht es auf einem Wiesenweg in sanftem Bogen zurück auf den Feldweg und auf demselben Weg wie anfangs wieder hinunter zum Ausgangspunkt.

Der Ausflug wäre nicht komplett ohne einen Abstecher ins nahe **Naturschutzzentrum Schopflocher Alb.** Es besteht seit 1996 als regionales Umweltbildungszentrum und hat nun als Nordportal des UNESCO-Biosphärenreservats zusätzlich die Aufgabe übernommen, Besucher eingehend auch über das Biosphärengebiet zu informieren. Die vielen Veranstaltungen im und um das Haus, bei denen es für jedes Alter viel zu erfahren und zu erleben gibt, listet ein umfangreicher Veranstaltungskalender auf. In der Dauerausstellung sind »Landschaft und Lebensräume der Schwäbischen Alb« zu sehen. Kinder treffen im Spielraum auf das sprechende

Schaf »Mobbl«. Einrichtungen im Außenraum des Zentrums sind sogar außerhalb der Öffnungszeiten frei zugänglich: ein Schaugarten mit den typischen Pflanzen der Alb, ein Bauerngarten mit Heil-, Nutz- und Gewürzpflanzen und für Kinder ein kleiner Naturspielplatz. Das Gelände des ehemaligen Steinbruchs darf allerdings nur bei Führungen betreten werden. Einmal im Jahr ist hier auch Bauernmarkt. Bauern aus der näheren Umgebung bieten dann regionale Produkte an und man darf zudem auf ein umfangreiches Begleitprogramm gespannt sein.

Am Schafbuckel lassen sich im Sommer viele Schmetterlinge beobachten.

Forschungsstation Randecker Maar e. V.: *Die Station liegt an der Landstraße zwischen Ochsenwang und Schopfloch oberhalb des Randecker Maars und ist öffentlich nicht zugänglich außer am »Tag der offenen Tür«.*
→ *www.randecker-maar.de*

Biohof Ziegelhütte: *Er liegt an der Landstraße L 1212 zwischen Hepsisau und Schopfloch. Der Hofladen ist donnerstags bis freitags 15–18 Uhr, samstags 11–18 Uhr geöffnet, die »Maarstube« sonn- und feiertags 11–18 Uhr.*

Schmetterlings-Wanderung: *Ausgangspunkt ist der Wanderparkplatz »Mönchberg«, der über ein Sträßchen gegenüber des Biohofs Ziegelhütte erreichbar ist. Wegführung über den »Schafbuckel«. Länge: 3 Kilometer.*

Naturschutzzentrum Schopflocher Alb: *Das Zentrum liegt an der Landstraße L 1212 zwischen Ochsenwang und Schopfloch kurz vor der Ortseinfahrt Schopfloch. Vogelloch 1, 73252 Lenningen-Schopfloch, Telefon (0 70 26) 9 50 12-0. Öffnungszeiten: 15. April bis 14. Oktober dienstags bis freitags 14–17 Uhr, sonntags 11–17 Uhr; im Winterhalbjahr werktags wie gehabt, aber nur noch am 1. Sonntag im Monat. Eintritt frei*
→ *www.naturschutzzentren-bw.de*

Schaurig-schöne Moor-Tour

Bohlenweg – Steinernes Kreuz – Tiere am Otto-Hofmeister-Haus

Das Schopflocher Moor ist einzigartig auf der Schwäbischen Alb, die normalerweise keine geologischen Voraussetzungen für die Moorbildung bereithält. Kindern macht der Bohlenweg, der das Naturschutzgebiet erschließt, viel Spaß. Und natürlich freuen sie sich an den freundlichen Tieren am Otto-Hofmeister-Haus, die sich gerne streicheln lassen.

Rechts am Ende des Parkplatzes des Otto-Hofmeister-Hauses beginnt der Rundweg, der heute das Naturschutzgebiet Schopflocher Moor erschließt. Über einen Wiesenweg gelangt man rasch auf den **Bohlenweg**. Auch wenn das Moor heute, zumindest im hellen Tageslicht, ganz und gar nicht »schaurig« und angsteinflößend wirkt, werden auf dem Rundweg viele düstere Geheimnisse gelüftet. Woher kommt der Ausspruch, dass jemand »wie Espenlaub« zittert. Warum heißen die Auswüchse, die auf den ersten Blick an Misteln erinnern »Hexenbesen«? Vor allem an der Birke links vor dem Eintritt in den »Moorwald« kann man sie gut erkennen. Die Sage berichtet, dass auf diesen zu Besen zusammengebundenen Zweigen die Hexen in der Walpurgisnacht zum Blocksberg (Brocken) im Harz reiten! Im und am Wald kann man vieles beobachten. Zu den Besonderheiten gehören der Randring-Perlmutterfalter, die Schwarze Heidelibelle und die Wanstschrecke, um nur einige der charakteristischen Insekten zu nennen, für die das Schopflocher Moor einen wichtigen Lebensraum darstellt. Da es zugleich eines der wenigen Feuchtgebiete der Alb darstellt, finden sich auch Molche, Erdkröten und Grasfrösche.

Der Bohlenweg durchs Schopflocher Moor ist auch für kleine Wanderer ein spannendes Ziel.

Das Schopflocher Moor

Ein Moor auf der Schwäbischen Alb? Ist das nicht ein Widerspruch? Ein Moor entsteht auf wasserundurchlässigem Grund. Die Alb ist aber als Karstgebiet durch unterirdische Entwässerung geprägt und damit durch Wassermangel an der Oberfläche. Wie also geht das im Falle des Schopflocher Moors zusammen? Die Ursache klingt zunächst banal. Es ist eine geologische Besonderheit. Genau gesagt: Der Albvulkanismus ist schuld, der auch für das benachbarte Randecker Maar und die Limburg verantwortlich ist. Um ein Moor entstehen zu lassen, müssen drei Bedingungen erfüllt sein: ein wasserundurchlässiger Untergrund, eine abflusslose Senke und hohe Niederschläge.

Unter dem Schopflocher Moor liegt ein »wasserdichter« alter Vulkanschlot, denn seine Füllung, Basalttuff, ist zu einer wasserundurchlässigen Schicht verwittert. Das erfüllt die erste Bedingung. Die zweite ist gegeben durch den Abschluss der Senke gegen das Tiefental im Süden, was während der Eiszeit geschah. Hohe jährliche Niederschläge bedingten drittens, dass sich die Senke mit Regenwasser füllen konnte. Es entstand zunächst eine Art große »Hüle«, die aber bereits nach der letzten Eiszeit verlandete. Sie füllte sich mit Schilf- und Baumresten. So entstand ein Niedermoor. Als sich darauf Torfmoose ansiedelten, baute sich die Pflanzenschicht immer mehr auf, bis die abgestorbenen Pflanzenreste ohne Zutritt von Sauerstoff und nur durch Regenwasser gesättigt allmählich ein Hochmoor aufbauten. Den Abschluss bildete eine Heidekrautvegetation mit Birken, Heidekraut und Preiselbeeren, die das Moor heute so schön erscheinen lässt.

Dass das Biotop noch weitgehend erhalten ist, beruht auf der Skepsis der Albbewohner gegenüber Fremdem. Bereits 1629 nämlich hatte Heinrich Schickardt, ein technisches Universalgenie im Dienst von Herzog Johann Friedrich von Württemberg, empfohlen, den »herrlichen Torf« abzubauen. Weil aber niemand so recht das »stinkende« ungewöhnliche Brennmaterial wollte, kam nur ein zögerlicher und letztlich finanziell verlustreicher Abbau und auch der erst ab 1784 zu Stande. Dennoch waren, als der Abbau um 1900 eingestellt wurde, nur noch zwei Torfhügel übrig. Und die sind heute im Wäldchen nördlich des Weges zu sehen.

Folgt man dem Rundweg, so kommt man an die Doline »Wasserfall«. Sie ist nicht die einzige im Naturschutzgebiet Schopflocher Moor. Doch was Dolinen sind, das wird ausführlich auf einem anderen Ausflug erklärt, auf dem »Hengener Dolinenweg« (siehe Ausflug 19). Kurz bevor sich die Runde schließt, kommt man noch am »Kreuzstein« vorbei, einem **steinernen Kreuz**. Vielleicht hat man solche Kreuze schon hin und wieder gesehen, ohne weiter darüber nachzudenken. Dabei haben sie eine höchst interessante Geschichte. Sie sind Denkmale der Gerichtsbarkeit im oder nach dem 16. Jahrhundert. Wer einen anderen ermordet oder totgeschlagen hatte, konnte unter Umständen seinem eigenen Tod durch Erhängen oder Enthaupten dadurch entgehen, dass er seinem Opfer ein Steinkreuz errichtete und eine Geldstrafe an die Hinterbliebenen bezahlte. Später wurden solche Kreuze oft zu Grenzmarkierungen. Interessant ist aber auch, dass

Zwei, die sich mögen: Die freundlichen Tiere am Otto-Hofmeister-Haus lassen sich gerne streicheln.

sich um diese Kreuze viele Spukgeschichten ranken.

Vielleicht mag man nun am Ende der kurzen, aber erlebnisreichen Wanderung, die auch mit kleineren Kindern gut zu bewältigen ist, noch im beliebten Otto-Hofmeister-Haus einkehren. Kinder jedenfalls zieht es sicher zu den am Haus gehaltenen, ausgesprochen freundlichen **Tieren am Otto-Hofmeister Haus,** den Eseln und Ziegen, die sich gerne streicheln lassen. Der Ausflug ins Moor lässt sich gut auch mit einem Abstecher zum nahen Randecker Maar und dem Naturschutzzentrum Schopflocher Alb (siehe Ausflug 13) verbinden. Neuerdings sind Moor und Naturschutzzentrum zudem durch eine weitere Rundwanderung kombinierbar.

■ **Moor-Wanderung:** *Ausgangspunkt ist der Parkplatz des Otto-Hofmeister-Hauses. Das Gasthaus ist über die Kreisstraße K 1250 zwischen Schopfloch und Ochsenwang erreichbar. Länge: 2,5 Kilometer (davon Bohlenweg 600 Meter).*

■ **Otto-Hofmeister-Haus:** *Torfgrube 6, 73266 Lenningen, Telefon (0 70 23) 90 01 00.*

Hund verloren, Höhle gefunden

Schertelshöhle – Höhle »Steinernes Haus« – Grill- und Spielplatz – Familienpark Westerheim

Die Schauhöhle Schertelshöhle und die »wilde« Höhle »Steinernes Haus« gehören zu den vielen Orten auf der Alb, um die sich besondere Geschichten ranken. Ein weiterer Pluspunkt dieser Höhlen: Sie lassen sich gut in Wanderungen einbinden. Direkt an der Schertelshöhle ist ein Grill- und Spielplatz.

Für Familien mit größeren Kindern gibt es von den verschiedenen Wanderparkplätzen in der Umgebung aus mehrere Möglichkeiten, die **Schertelshöhle** in eine kleinere oder größere Wanderung einzubinden, so zum Beispiel über den Reußenstein (und den Grauen Stein), von Wiesensteig (am Filsurspung vorbei), von Schopfloch (über das Harpprechtshaus) oder von Römerstein aus (über den Aussichtsturm bei Donnstetten durchs Hochbuch). Die Schertelshöhle bei Westerheim ist eine der bekanntesten Höhlen im Alb-Donau-Kreis. Die zur Schauhöhle ausgebaute Höhle zeichnet sich nicht nur durch ihre schönen Tropfsteine aus, sondern auch durch die besonders abenteuerliche Geschichte, die zu ihrer Entdeckung geführt haben soll. Am Höhleneingang führen rund 90 Stufen in 20 Meter Tiefe hinab. Ein 96 Meter langer Gang führt von dort zum sogenannten Kuhloch, einer Doline. 19 Meter ist die Halle hier hoch. Zum Ausgang der Höhle gelangt man über einen anderen, 117 Meter langen Gang.

Die Sage vom Kuhloch

Um die Entdeckung der Schertelshöhle rankt sich, wie erwähnt, eine abenteuerliche Geschichte. Eines Tages habe demnach, so

Die Schertelshöhle lohnt einen Besuch.

wird erzählt, der Lieblingshund des Freiherrn von Schertel einen Hasen gejagt und sei nicht zurückgekommen. Der Freiherr war darüber sehr traurig und suchte überall nach ihm. Schließlich fand er ihn im »Kuhloch« gefangen. Das Kuhloch war ein natürliches Loch im Boden, in das die Bauern totes Vieh warfen. Niemand war es ganz wohl beim Gedanken, dort hineinzusteigen. Zumal es hieß, dass hier auch der Schwarze Fere, ein berüchtigter Räuber, hause. Doch schließlich fand der Freiherr Mutige, die seinen Hund befreiten und bei dieser Gelegenheit zudem entdeckten, dass das Kuhloch noch weit in den Berg hineinführe und dass es dort unten herrliche Tropfsteine gebe.
Was war also in Wirklichkeit geschehen? Das Loch, in das der Hund stürzte, war eine Doline, eine Karsterscheinung im Kalkgestein (siehe Ausflug 19), die mit der Höhle in Verbindung stand. Diese Doline ist noch heute vorhanden und eingezäunt neben der Höhle zu sehen. Die dabei entdeckte und 1820 erstmals erkundete Höhle bekam den Namen Schertelshöhle. Seit 1830/31 hat sie einen künstlichen Eingang.

Wer mag, schließt direkt den Spaziergang zum **Steinernen Haus** an, um das sich nicht weniger spannende Geschichten ranken. Das Steinerne Haus ist eine geräumige, heute leider durch ein Gitter abgesperrte Felsenhalle. Sie gehörte im 18. Jahrhundert zum Besitz des

Klosters von Wiesensteig und man erzählt sich, in unruhigen Zeiten hätten die Nonnen sich hier versteckt.

Der Weg zurück zum Auto führt wieder an der Schertelshöhle vorbei, wo man sich entweder im dortigen Gasthaus mit Vesper, Eis und Getränken versorgen kann oder selbst Mitgebrachtes am **Grill- und Spielplatz** verzehrt. Gelegenheit, sich nochmal richtig auszutoben.

In Westernheim lockt im Anschluss an einen Höhlenbesuch auch der **Familienpark Westerheim** mit Sommerbobbahn, einem Tierpark mit Streichelzoo, Ponyreiten, Karussells und einem Biergarten. Beim Hochliften führt die Bobbahn mitten durch den Tierpark. Abwärts bestimmt jeder, wie schnell er die 500 Meter hinabsausen mag, ob »vollspeed« oder eher gemütlich. Im Vergnügungspark mit den Karussells haben eher kleinere Kin-

Streicheleinheiten im Familienpark Westerheim

der ihren Spaß. Im Tierpark sind über 100, teils auch exotische Tiere zu Hause. Im Streichelzoo warten Hasen und Meerschweinchen auf die kleinen Besucher. Pferdebesitzer, wenn auch nur für eine Stunde, wird Familie, wenn sie eines der hübschen Ponys bucht. Auch Kindergeburtstage können hier gefeiert werden.

Schertelshöhle: *Am Ortsende von Westerheim (Richtung Wiesensteig) biegt man links in einen gut beschilderten, geteerten Weg zum Wanderparkplatz ein. Von dort zur Höhle sind es noch 200 Meter zu Fuß. Öffnungszeiten: 15. Mai bis 1. Oktober werktags 10–17 Uhr, Palmsonntag bis 15. November sonntags 10–17 Uhr (1. und 2. Weihnachtsfeiertag und Neujahr geschlossen). Auskünfte: Höhlenverein e. V. Westerheim, Siedlungsstraße 7, 72589 Westerheim, Telefon (0 73 33) 64 06 oder 78 45.*
→ *www.schertelshoehle.de*

Familienpark Westerheim: *Der Freizeitpark liegt direkt an der Schwäbischen Albstraße zwischen Westerheim und Donnstetten am Ortsausgang von Westerheim. Donnstetter Straße, 72589 Westerheim, Telefon (0 73 33) 49 90. Öffnungszeiten: Täglich 10–20 Uhr (bei Regen und Nässe ist die Sommerrodelbahn nicht in Betrieb).*
→ *www.familienpark-westerheim.de*

Wo die Heiden hausten

Elsach-Quelle – Falkensteiner Höhle – Heidengraben – Burgruine Hofen – Frühgeschichtliches Museum Grabenstetten – Kaltentalweiher

Eine historisch interessante Wegstrecke macht diese etwas längere Wanderung zu einem reizvollen Tagesausflug, an dem auch Spielen, Grillen und Rasten nicht zu kurz kommen.

Vom Wanderparkplatz »Pfälerbraike« aus überquert man zunächst die Straße Bad Urach–Grabenstetten und folgt dann einem Fahrweg, der entlang eines Campingplatzes und über die Elsach führt. An der folgenden Weggabelung nimmt man den mit einer roten Gabel markierten Weg zur Falkensteiner Höhle, die man über die **Elsachquelle** talaufwärts wandernd erreicht. Hier liegt ein wunderschöner Grillplatz, der an warmen Sommertagen genügend Abkühlung durch das kalte Quellwasser verspricht. Die Elsach floss bis 1830 durch den Eingang der Falkensteiner Höhle ab. Heute tut sie das nur noch nach starken Regenfällen. Stattdessen versickert sie in der Höhle und tritt erst rund 200 Meter weiter talabwärts aus.

Kurz danach erreicht man die **Falkensteiner Höhle**, die (soweit bekannt) fast fünf Kilometer tief in die Schwäbische Alb hineinführt. Über mehrere Etappen gelang es dem bekannten Höhlenforscher Jochen Hasenmayer (der auch den Blautopf erforschte), über 26 »Siphons« (das heißt, unter Wasser liegende Höhlenabschnitte) vorzudringen. Damit erreichte er 1980 ihr vorläufiges Ende bei 4975 Metern. Wer eine Taschenlampe dabei hat, kann sich ein paar wenige Meter weit hineinwagen. Nur nicht zu weit, das ist gefährlich. Am Eingangsportal der Falkensteiner Höh-

le ist eine alte Tafel angebracht, die David Friedrich Weinland gewidmet ist. Von ihm wird später noch die Rede sein.

Ein steiler Pfad führt nun hinauf auf die Albhochfläche zum **Heidengraben.** Dieser Name geht darauf zurück, dass die Albbewohner früher nicht wussten, was sie da im Gelände vor sich hatten. Nur, dass das sehr alte Siedlungs- bzw. Befestigungsreste waren. Es stamme, so sagte man, »von den Heiden«. Und das war nicht einmal so falsch. Man weiß heute,

dass es die Kelten waren, die im ersten Jahrhundert vor Christi Geburt auf diesen Höhenrücken kamen und dort die größte Siedlung im gesamten süddeutschen Raum anlegten. Hier wurden Versammlungen und Märkte abgehalten und sogar Münzen geprägt. Die Sied-

Skeptische Blicke: Hier soll eine Stadt gestanden haben?

lung wurde geschützt durch den außen liegenden Graben und zum Inneren hin durch einen Wall, der mit Holz, Steinen und Pfosten verstärkt war. Sie riegelten die Siedlung an der schmalsten Stelle der Berghalbinsel, bei Grabenstetten, ab. Nur Reste dieser Befestigung sind heute noch vorhanden und werden unter der Bezeichnung »Heidengraben« geführt.

Elsachstadt

Ursprünglich bezeichnete der Begriff »Heidengraben« nur die Überreste der aus dem ersten vorchristlichen Jahrhundert stammenden keltischen Siedlung, die heute noch als Wall sichtbar sind und deren Herkunft erst im 20. Jahrhundert geklärt werden konnte. Die Siedlung wird heute als »Elsachstadt« bezeichnet, nach dem unterhalb der Stadt entspringenden Bach Elsach. Sie hatte eine Ausdehnung von 1,53 Quadratkilometern und lag westlich der heutigen Gemeinde Grabenstetten. Ihre Lage auf einem Teil der Albhochfläche, wo der Albtrauf eine natürliche Art der Befestigung bildete, war ideal. So musste nur der schmale Streifen gesichert werden, der sie mit der Albhochfläche verbindet, was durch den Bau von vier kurzen Befestigungsabschnitten gelang. Archäologische Funde aus dem Gebiet des Heidengrabens können in einem Museum in Grabenstetten, im Stadtmuseum Kornhaus in Kirchheim unter Teck und im Schloss Hohentübingen in Tübingen besichtigt werden. Eine Toranlage wurde bei Erkenbrechtsweiler nachgebaut. Dass das Gebiet um Grabenstetten uraltes Siedlungsland ist, belegt auch das Gelände am nahen Burrenhof: Die »Burren«, Hügel, denen der gut frequentierte Gasthof »Burrenhof« seinen Namen verdankt, sind Grabstellen aus der Zeit zwischen 1000 bis 500 v. Chr.

Entlang des Heidengrabens führt die Wanderung über die Straße Grabenstetten–Böhringen geradeaus bis zum Waldrand. Nach rund 50 Metern erreicht man eine Grillstelle, biegt dort ohne Markierung links ab, geht 30 Meter weiter noch einmal links und gelangt dann über einen Wiesenweg zur **Burgruine Hofen**. Viel ist nicht mehr von ihr übrig. Eine Holzbrücke führt über den Burggraben zum neu errichteten Eingangsportal. Auf der Nordseite des Geländes liegt ein Höhlenschacht, der zu der hier unterirdisch querenden, verschlossenen Jakobshöhle gehört. In der Mitte des Burggeländes dient ein kesselartiger Behälter als Grillstelle. Interessant aber sind die Besitzverhältnisse der Burg, über die eine Tafel Auskunft gibt: »Burgruine Hofen, errichtet im 13. Jahrhundert von den Herren Schwenzlin von Hofen. Seit 1823 im Besitz der Familie Weinland.« Letztere ist die Familie des in Grabenstetten geborenen David Friedrich Weinland (1829–1915). Er, dessen Namenszug wir schon an der Tafel bei der Falkensteiner Höhle gelesen haben, war der Autor des im 19. Jahrhundert sehr bekannten Jugendbuch-Bestsellers »Rulaman«. Auf Weinland treffen wir noch an einer weiteren Stelle in diesem Buch (siehe Ausflug 18).

Ab Ruine Hofen geht es auf dem Wirtschaftsweg nach Grabenstetten hinein. Wer im Sommer sonntags nach Grabenstetten kommt, hat Gelegenheit, das **Frühgeschichtliche Museum** zu besuchen. Unter den Exponaten sind auch original keltische Grabbeigaben.

Anschließend geht es weiter durch den Ort, entlang der nach Neuffen führenden Straße. Rund 250 Meter nach dem Ortsende zweigt (ohne Markierung) der Fahrweg »Unterm Kreuz« ab. An der folgenden Weggabelung geht man geradeaus und erreicht so einen weiteren Abschnitt des Heidengrabens. Durch eine Lücke im Wall kommt man auf seine rechte Seite, einen Wiesenweg, dem man bis zum Waldrand folgt. Hier findet man ein rekonstruiertes Tor der »Elsachstadt« mit Info-Tafel. Nur wenige Meter von der Tafel entfernt, trifft man auf einen Waldweg im Gewann »Winkel«, der (ohne Markierung) in einem Rechtsbogen in das Kaltental hinunterführt. Erst am Talgrund taucht noch einmal eine Markierung auf, eine rote Raute, und

Sie ist die längste Höhle der Schwäbischen Alb und beeindruckt allein schon durch ihren geräumigen Höhleneingang: die Falkensteiner Höhle.

vorbei an den **Kaltentalweihern** erreicht man wieder den Ausgangspunkt der Wanderung.

Wanderung: *Ausgangspunkt ist der Wanderparkplatz »Pfälerbraike«, den man von Bad Urach aus erreicht, wenn man ein kurzes Stück die Bundesstraße B 28 Richtung Münsingen fährt, bis die Landstraße L 211 nach Grabenstetten abzweigt. Der Parkplatz liegt in der Nähe eines Campingplatzes. Länge der Wanderung: 13 Kilometer.*

Frühgeschichtliches Museum Grabenstetten: *Böhringer Straße 7, 72582 Grabenstetten, Telefon (0 73 82) 3 87. Öffnungszeiten: Mai bis September, sonntags 14–16 Uhr (Eintritt frei).* → *www.grabenstetten.de.*

GPS und Grammophon

GPS-Touren – Inliner-Touren – Höhenfreibad Tiergartenberg – Albthermen – Grammophonsammlung Geigle

Bad Urach ist eine Kurstadt mit Tradition. Sie hat Familien mit Kindern viel zu bieten. So gibt es hier GPS-Touren, die man im Internet herunterladen kann, aber auch Inliner-Touren. Auf andere Weise interessant ist für die iPod-Generation ein Besuch in der Grammophonsammlung Geigle.

Kinder haben Spaß an Technik. Handys oder Audio-Guides sind ihnen oft schon vertrauter als manchen Erwachsenen. **GPS-Touren** sind deshalb auch immer verbreiteter. Bad Urach bietet diese zum Herunterladen im Internet an. So hat man schon alles beisammen, um zu Fuß oder per Rad ans Ziel zu kommen. Bad Urach, die traditionsreiche, durch den Schäferlauf bekannte und beliebte Kurstadt, gibt sich da ganz modern und hat bereits elf verschiedene Touren ins Internet eingestellt. Sie führen zum Beispiel durchs Kurgebiet in der Innenstadt, hinaus zum Uracher Wasserfall und der Ruine Hohenurach oder zum Michaelskäppele, oben über der Stadt. Andere Touren reichen weit über die Stadt hinaus und erschließen weite Strecken im Biosphärengebiet. Auf allen Touren lassen sich spannende Entdeckungen machen, jede Tourbeschreibung informiert über Sehenswürdigkeiten unterwegs, Weglänge und Höhenunterschiede und enthält Tipps zum Einkehren. Auch Rätsel sind integriert: An verschiedenen Wegmarken erfährt man so Interessantes über die Region und kann zudem tolle Preise gewinnen.

Ohne GPS, dafür mit Inlinern – auch das eine Idee, die einen Familienausflug nach Bad Urach zu einem

Mit GPS macht das Wandern gleich besonders viel Spaß!

ganz besonderen Erlebnis machen kann. Auf einer bei der Tourist-Information erhältlichen Freizeitkarte sind zwölf **Inliner-Touren** zusammengestellt. Sie erschließen die Umgebung um Bad Urach, Dettingen an der Erms, Hülben, St. Johann und Römerstein. Die Touren haben unterschiedliche Schwierigkeitsgrade und gehen über Distanzen von 3 bis 30 Kilometer. Wem das noch zu kurz ist, der kann mehrere Touren kombinieren und damit den Ausflug deutlich verlängern. Auch hier ist jede Tour genau beschrieben, samt Tourenlänge, Start- und Zielpunkt, Schwierigkeitsgrad und Einkehrmöglichkeiten.

Lust, nach dem Sport in erfrischendes Nass zu springen? Das **Höhenfreibad Tiergartenberg** gehört zu den schönsten der Schwäbischen Alb. Herrlich gelegen unter

Mit oder ohne GPS – der Uracher Wasserfall ist ein reizvolles Ziel.

der Burg Hohenurach, mit Blick aufs »Städtle« und weit hinaus ins Ermstal, zeichnet es sich vor allem durch seine Kinder- und Familienfreundlichkeit aus. Kleinere Kinder haben Spaß am Abenteuerspielplatz und an den zwei Kinderplantschbecken. Ein Kindersanitärhaus mit Wickelraum ist ein weiteres Plus.

Auf größere Kinder warten ein Beachvolleyball-Feld und eine Tischtennisplatte, das Zubehör kann kostenlos ausgeliehen werden. Das große Wasserbecken hat Sprunganlagen und eine Wassertemperatur von 23 Grad Celsius. Ins Nichtschwimmerbecken führen eine 66 Meter lange Rutsche und eine Breitrutsche.

Den Titel »Bad« verdankt Bad Urach seinen **Albthermen.** Das Badezentrum besitzt 61 Grad heiße Quellen, die für Kur und Wellness genutzt werden. Kinder haben deshalb erst ab sechs Jahren Zutritt. Eine Ausnahme: mittwochs, da ist Kindernachmittag.

Schäferlauf

Alle zwei Jahre – und zwar in Jahren mit ungeraden Zahlen – ist Schäferlauf in Bad Urach, ein echt schwäbisches Heimat- und Volksfest, das weithin bekannt ist und stets für großen Zulauf sorgt. Er hat sich aus dem Zunfttag der Schäfer entwickelt und wird nachweislich seit 1723 abgehalten. Am Schäfertag wurden alle Angelegenheiten der Schäferei vor einem Schäfergericht verhandelt. Als festlich froher Abschluss folgte der Schäferlauf: ein Wettlauf der ledigen Schäfer und Schäfertöchter mit Preisen für den Sieger. Heute hat sich daraus ein dreitägiges Spektakel mit Festzug, Festgottesdienst, Tänzen, dem Wettlauf, Preishüten und dem Festspiel »D'Schäferlies« entwickelt.

Bad Urach ist durch seine günstige geografische Lage, sein großes Kur- und Freizeitangebot und seinen überregionalen Ruf als »Schäferlaufstadt« einer der meistbesuchten Orte der Schwäbischen Alb. Ein Bummel lohnt sich durch die schöne Innenstadt, um deren Marktplatz sich ein Ensemble wunderschöner

Fachwerkhäuser gruppiert. Sehenswert ist auch das Residenzschloss. Hier wurde Graf Eberhard im Bart geboren, der später Württembergs erster Herzog wurde. Heute ist das Schloss eine Außenstelle des Württembergischen Landesmuseums. Wir gehen aber zielstrebig ins Uracher Stadtmuseum Klostermühle, wo Kinder vielleicht zum ersten Mal alte Grammophone mit riesigen Schalltrichtern zu Gesicht bekommen. Die ständige Ausstellung der **Grammophonsammlung Geigle** bietet einen für alle Generationen faszinierenden Einblick in die Geschichte der Tonaufzeichnung und der Tonwiedergabe. Zahlreiche Hörbeispiele machen die technische Entwicklung vom Walzenphonograph bis zum MP3-Player nachvollziehbar. Auch das Museum selbst ist interessant. Sein Gebäude war ursprünglich eine Getreidemühle. Über sein großes Wasserrad wird noch heute Strom erzeugt, der das Museum versorgt.

■ **GPS-Touren der Stadt Urach:** *Anreise nach Bad Urach per Bahn möglich. Die Touren können aus dem Internet auf das eigene GPS-Gerät oder Handy heruntergeladen werden. Für eine kleine Gebühr können GPS-Geräte auch bei der Tourist-Information ausgeliehen werden. Tourist-Information, Bei den Thermen 4, 72574 Bad Urach, Telefon (0 71 25) 94 32-0.*
→ *www.badurach.de*

■ **Inliner-Touren der Stadt Urach:** *Freizeitkarte mit Inliner-Touren erhältlich bei der Tourist-Information, Bei den Thermen 4, 72574 Bad Urach, Telefon (0 71 25) 94 32-0.*
→ *www.badurach.de*

■ **Höhenfreibad Tiergartenberg:** *Am Tiergartenberg, 72574 Bad Urach, Telefon (0 71 25) 81 84. Öffnungszeiten: 1. Mai bis Ende August täglich 6–20 Uhr, 1. September bis Mitte September täglich 6–19 Uhr.*

■ **Albthermen:** *Bei den Thermen 2, 72574 Bad Urach, Telefon (0 71 25) 9 43 60. Öffnungszeiten: Montags bis donnerstags 8.30–22 Uhr, freitags und samstags bis 23 Uhr, sonn- und feiertags bis 21 Uhr.*

■ **Residenzschloss:** *Bismarckstraße 18, 72574 Bad Urach, Telefon (0 71 25) 15 84 90. Öffnungszeiten: November bis März, samstags, sonn- und feiertags, 11–16 Uhr, April bis Oktober dienstags bis sonntags sowie feiertags 10–17 Uhr.*

■ **Stadtmuseum Klostermühle:** *Grammophonsammlung Geigle, Hermann-Prey-Platz 3, 72574 Bad Urach, Telefon (0 71 25) 4 06 00. Öffnungszeiten: Dienstags bis sonntags täglich 14–17 Uhr, donnerstags bis 18 Uhr, sonntags auch vormittags 10–13 Uhr.*

Zeitreise durch 500 000 Jahre

Rulamanweg – Schillerhöhle – Burgruine Hohenwittlingen

Der »Rulaman«, ein schwäbischer »Bestseller« des 19. Jahrhunderts, taucht unweigerlich noch immer auf, sobald es im Zusammenhang mit der Schwäbischen Alb um Frühgeschichte geht. Der Autor des »Rulaman«, David Friedrich Weinland, lebte und schrieb im Hofgut Wittlingen und nahm sich die Schillerhöhle als literarisches Vorbild für seinen Roman. Die Burgruine Hohenwittlingen lockt mit viel Gemäuer und reizvollem Ausblick ins Tal.

Um in 500 Schritten 500 000 Jahre Menschheitsgeschichte zu durchqueren, muss man sich ganz schön anstrengen. Sieben-Meilen-Stiefel braucht es nicht, doch Ein-Meter-Schritte dürfen es durchaus sein. So gelangt man schneller als gedacht in die Steinzeit zurück – zumindest auf dem Rulamanweg. Wir beginnen also in der Gegenwart, doch schon nach fünf Schritten ist man bei der zweiten Tafel angelangt: Vor 5000 Jahren sind die Menschen sesshaft geworden, man schreibt die jüngere bis mittlere Steinzeit. 20 Meter weiter ist man bereits in der Altsteinzeit angelangt. In diese Zeit sind die ältesten Kunstwerke der Menschen zu datieren. Einige Kopien sind in einer Vitrine ausgestellt. Bei der letzten Tafel schließlich erfährt man Interessantes über Leben und Sterben der Neandertaler. Dann ist der Nachbau eines Sommerlagers der Urmenschen mit Feuerstelle und einem Zelt erreicht. Der Inhalt der abgeschlossenen Holzkiste, die Materialien zum Feuermachen enthält, steht nur angemeldeten, begleiteten Gruppen zur Verfügung. Die letzte Tafel ist kurz darauf erreicht.

Auf Rulamans Spuren: In 500 Schritten durch 500 000 Jahre

David Friedrich Weinland

David Friedrich Weinland, geboren 1829 in Grabenstetten, gestorben 1915 in Hohenwittlingen, studierte zunächst Theologie, sattelte dann aber um und wurde Zoologe. Er bereiste Kanada, Mexiko und die Karibik. Zurück in Deutschland war er Direktor des Zoologischen Gartens in Frankfurt am Main. Den Rest seines Lebens verbrachte er als Privatgelehrter in Hohenwittlingen.

Weltweite Bekanntheit erlangte er durch seinen Jugendroman »Rulaman«, der 1878 erschien und noch immer im Buchhandel erhältlich ist. Ursprünglich hatte er damit seinen Söhnen Kenntnisse über das Leben ihrer Vorfahren auf der Schwäbischen Alb vermitteln wollen. Im Buch ist der Titelheld Rulaman, ein Steinzeitmensch, von einem Stamm, den Weinland »Aimats« nennt. Im Verlauf der

Handlung kommen die Aimats in Kontakt mit den einwandernden »Kalats« (gemeint sind die Kelten) und werden von diesen verdrängt. Ein Teil der Handlung spielt in der »Tulka-Höhle«, für die die Schillerhöhle Vorbild war. Ein anderer Teil der Handlung spielt im Achtal in der Nähe Blaubeurens. Dort wurden in der Höhle Geißenklösterle etwa 100 Jahre nach Erscheinen des Romans bedeutende steinzeitliche Funde gemacht.

Ein steiler Albvereinsweg schließt direkt an den Rulamanweg an. Auf ihm wandert man zuerst zur **Schillerhöhle,** dann auf die Burgruine Hohenwittlingen. Weinland kannte die Schillerhöhle gut, schließlich lebte er längere Zeit auf dem nur zwei Kilometer entfernten Hofgut Hohenwittlingen. Sie ist zwar keine große, aber doch recht eindrucksvolle Höhle. Anders, als man glauben könnte, hat ihr Name aber nichts mit dem Dichter Friedrich Schiller zu tun. Vielmehr soll er auf einen Herrn von Schilling zurückgehen, der hier bei der Bärenjagd verunglückt sein soll. Leicht abfallend führt der Weg in die Höhle. Klammartig reicht zunächst ein Spalt rund zehn Meter nach oben. Es geht aber noch tiefer hinein. Nach einer Engstelle liegt die von Weinland beschriebene Wasserspalte, wegen deren genauer Beschreibung im Roman man auch davon ausgeht, hier das Vorbild zur »Tulkahöhle« vor sich zu haben. Gleich nach dieser Spalte fällt die Höhle steil ab und wird unter Umständen auch sehr lehmig. Dann lohnt es nicht mehr weiterzugehen. Kurz darauf ist der Gang versperrt. Funde, die menschliche Anwesenheit in dieser Höhle beweisen könnten, gibt es übrigens nicht. 1833 ließ der Uracher Oberförster Graf von Mandelslohe in der Höhle graben, aber er suchte ausschließlich nach Knochenresten. Nach Kulturresten wurde überhaupt nicht gesucht und weit schlimmer noch, der Aushub wurde schlicht und einfach den Berg hinuntergekippt.

Am selben Felsen, noch ein Stück oberhalb der Höhle, liegt die **Burgruine Hohenwittlingen.** Sie wurde 1190 vom Ortsadel erbaut. Die Besitzverhältnisse von Burg und Dorf sind weitgehend identisch. In der Mitte des 13. Jahrhunderts kam sie an die Grafen von Württemberg. 1576 brannte sie ab und war nach teilweisem Wiederaufbau noch bis ins 18. Jahrhundert Gefängnis. Mitte des 20. Jahrhunderts wurden die verbliebenen Mauerreste begehbar gemacht, so dass sich heute Burgenromantik mit einem beeindruckenden Ausblick ins Echaztal verbindet. Zurück verläuft die Zeit-

Die begehbaren Reste der Ruine Hohenwittlingen

reise auf derselben Strecke, nun aber in umgekehrter Richtung und deutlich schneller als beim Anstieg.

Rulamanweg: *Mit dem Auto auf der Bundesstraße B 465 von Bad Urach Richtung Münsingen fahren (nicht nach Wittlingen abbiegen!); circa 100 Meter nach der Abzweigung nach Wittlingen ist auf der linken Seite ein kleiner Parkplatz. Dort beginnt der Rulamanweg. Kontakt für Gruppen: Uta Röck, Telefon (0 71 25) 1 56-2 39 oder 1 56-1 01. Länge: Hin und zurück 1 Kilometer.*

Schillerhöhle: *Frei zugänglich (außer während der Sperrzeit zum Fledermausschutz, 15. November bis 15. April). Taschenlampe nicht vergessen. Zum Zeitpunkt, als dieses Buch entstand (Ende 2009), war der »Rulamanweg« in schlechtem Zustand, die Schillerhöhle nach Sprengarbeiten an der Straße nach Wittlingen wegen akuter Steinschlaggefahr gesperrt. Nach Auskunft der Stadt Bad Urach sollte der Weg aber instandgesetzt, die Höhle wieder begehbar gemacht werden.*

Burgruine Hohenwittlingen: *Burgruine und Schillerhöhle sind auch vom Wanderparkplatz »Hohenwittlingen« aus zu erreichen. Länge der Wanderung: Rund 5 Kilometer, zum Teil steil.*

Bad Urach: *Tourist-Information, Bei den Thermen 4, 72574 Bad Urach, Telefon (0 71 25) 94 32-0.*
→ www.badurach.de

Von Dellen, die »Dolinen« heißen

Hengener Dolinenweg (Hengener Goslau – Wechselfeuchtes Biotop – Heidekrautdoline – Au-Löcher – Heidelbeerdoline) – Landwirtschaftlicher Erlebnispfad Böhringen

Hengen hat auf seiner Gemarkung mehrere Dolinen, also Senken oder »Dellen« im Boden, die ihre Ursachen in den geologischen Verhältnissen der Schwäbischen Alb haben. Auf der hier beschriebenen, landschaftlich reizvollen Wanderung kann man nicht nur über dieses Phänomen viel erfahren, sondern auch viele Tiere und Pflanzen entdecken. Klein, aber fein ist außerdem der Landwirtschaftliche Erlebnispfad Böhringen.

Unterwegs auf der Alb sind dem einen oder anderen sicher schon die auffälligen Senken oder Dellen im Gelände aufgefallen. Diese Erscheinungen hängen mit der geologischen Situation und Geschichte der Schwäbischen Alb zusammen. Man nennt sie »Dolinen«. Hengen, das zu Bad Urach gehört, hat gleich mehrere solcher »Dolinen« auf seiner Gemarkung und sie zu einem Naturerlebnisweg verbunden. Der **Hengener Dolinenweg** ist wahrscheinlich bundesweit einzigartig und soll die Neugier auf diese Karstphänomene wecken. Ein zusätzliches Plus des Wegs ist, dass er zwischen Wiesen und Wäldern verläuft, viele Dolinen nah beieinanderliegen und zugleich auch viele Tiere und Pflanzen in den verschiedenen, ganz unterschiedlich ausgeprägten Biotopen zu finden sind.

Dolinen und Höhlen

Was aber ist denn nun eine »Doline«? Diese Art Karstphänomene wurden zuerst im ehemaligen Jugoslawien erforscht, weshalb das Wort »Doline« aus dem Slowenischen kommt und einen Einbruch, eine Senkung über einem unterirdischen Hohlraum beschreibt. Wird in diese Vertiefung an der Erdoberfläche

wasserundurchlässiges Bodenmaterial geschwemmt und verdichtet, kann sich wie in einem Teich Regenwasser darin sammeln, können sich Pflanzen und Tiere in diesem Biotop ansiedeln.

Zu den Karstphänomenen der Alb gehören neben den Dolinen natürlich auch die vielen Höhlen. Beider Entstehen reicht Millionen von Jahren zurück. Im Laufe der Zeit bildeten sich durch Kräfte im Innern der Erde Risse und Spalten im Kalkgestein, aus dem die Schwäbische Alb aufgebaut ist. In sie konnte Wasser eindringen, das den

- **Interessante Biotope sind entlang des Hengener Dolinenwegs zu entdecken.**

Kalk durch komplexe chemische Vorgänge auflöste. So entstanden größere Spalten und Höhlen. Regen und Schmelzwasser werden von diesen Klüften schnell geschluckt und in die Tiefe abgeleitet. Manchmal brechen diese Klüfte ein, dann entstehen Dolinen. So erklärt sich einerseits die Wasserarmut der Alboberfläche und andererseits der Höhlen- und Dolinenreichtum der Schwäbischen Alb.

Ausgangspunkt des Dolinenwegs ist der Wanderparkplatz »P 36« beim Hengener Sportgelände »Auf Buch«. Auf einer Tafel ist zunächst der Verlauf des Wegs dargestellt und das Naturphänomen »Doline« erklärt. Zunächst am Waldrand entlang, geht es bald links zum **Hengener Goslach.** Goslach setzt sich zusammen aus »Gos« für Gans und »Lach« für Pfütze. Erinnerungen an das Märchen von der Gänseliesel werden wach. Und wirklich: Diese Wasserstelle diente früher dazu, die Gänse zu tränken. Heute ist es ein sehr reizvolles Biotop.

Vorbei an einer Pferdekoppel erreicht man den Wanderparkplatz »P 33 Zimmerbuch«. Von ihm aus geht es auf einer geteerten Fahrstraße durch eine Lindenallee fast vor bis zur Landstraße. Unmittelbar davor biegt man auf einen Grasweg nach rechts ab. Dort liegt parallel zur Straße als **Wechselfeuchtes Biotop** die zweite Doline. Zwischen den großen Rohrkolben, die hier wachsen, herrscht reger Flugverkehr der verschiedensten farbenprächtigen Libellen. Auch Zugvögel rasten hier gelegentlich.

Anschließend überquert man die Straße und geht einen Grasweg in Richtung Hengen zurück, bis man auf einen Feldweg trifft, dem man nach rechts zur **Heidekrautdoline** folgt. Hier wächst, der Name sagt es schon, Heidekraut. In einer weiten Kehre geht es nun in Richtung Bundesstraße B 28, ihr ein Stück weit entlang bis zu einer kleinen Fahrstraßen zu Aussiedlerhöfen. Hier geht es erst links.

Nur wenig später biegt man rechts auf einen Wiesenweg ab und erreicht so die **Au-Löcher.** Unterirdisch versteckt gibt es hier einen alten Vulkanschlot, an dessen Rand die Au-Löcher liegen. Das von zwei Entwässerungsgräben hereinfließende Wasser läuft über den Vulkanschlot in die Tiefe, wird gewissermaßen verschluckt. Diese Art Doline nennt man deshalb »Schlucklöcher« oder »Ponore«. Abergläubische Menschen dachten früher, dahinter stecke der Teufel. So kommt es, dass solche Ponore oft den Flurnamen Teufels- oder Höllenlöcher tragen.

Von den Au-Löchern aus geht man bis zur Bundesstraße B 28, quert sie nach links und biegt dann rechts in den Wald ab, zur **Heidelbeerdoline.** Etwa 200 Meter hinter dem

Was muss nicht alles geschehen, ehe ein Frühstücksbrötchen auf unseren Tisch kommt?

Waldrand biegt man in einen Feldweg ein, der in einer Linkskehre erneut zu einem Waldrand führt. Ein gelbes Wegzeichen als Markierung weist von nun an zurück zum Wanderparkplatz »P 33 Zimmerbuch«, wo sich der Kreis schließt. Der letzte Abschnitt der Wanderung führt noch einmal über den Hengener Goslach zurück bis zum Ausgangspunkt am Wanderparkplatz »P 36«. Wer mag, kann gleich hier Picknick machen oder alternativ in Hengen einkehren.

Wer danach noch Zeit und Lust hat, macht den lohnenden Abstecher in das nur wenige Kilometer entfernte Böhringen. Ein **Landwirtschaftlicher Erlebnispfad** ist dort das Ziel. Er ist zwar nur zwei Kilometer lang, aber für Kinder gibt es eine ganze Menge zu tun. An einer Station gibt es Körner aus einem Automaten. Kinder können hier ausprobieren, wie es war, sein Mehl mit einem Stein zu mahlen. An einer anderen wird erklärt, wie ein Leseriegel entsteht, und Kinder sind aufgefordert, ein paar Steine dazuzulegen. Außerdem wird im Verlauf des Pfads ganz genau erklärt, was alles passieren muss, damit ein Bauer ernten kann und was aus dem Erntegut gemacht wird. Der Pfad startet als Rundkurs bei der Gaststätte »Albstadion« bei den Sportanlagen des zu Römerstein gehörenden Ortes, wo am Ende noch Gelegenheit zum Spielen und Einkehren ist.

Selten einmal sitzt eine der zahlreichen Libellen still, meist herrscht reger »Flugverkehr«.

Hengener Dolinenweg: *Hengen liegt südöstlich von Urach auf der Albhochfläche. Der Zugang zum Dolinenpfad ist gut ausgeschildert.* Länge: max. 8 Kilometer (auch in Teilabschnitten begehbar)

Landwirtschaftlicher Erlebnispfad Böhringen: *Böhringen ist ein Ortsteil von Römerstein und liegt östlich von Hengen. Der Zugang zum Erlebnispfad ist gut ausgeschildert. Länge: 2 Kilometer.*

Bad Urach: *Tourist-Information, Bei den Thermen 4, 72574 Bad Urach, Telefon (0 71 25) 94 32-0.*
→ *www.badurach.de*

Schafe statt Schützen

Ehemaliger Truppenübungsplatz Münsingen – Gruorn – Aussichtstürme – Infozentrum »Altes Lager«

Herzstück und Zentrum des Biosphärengebiets Schwäbische Alb ist der ehemalige Truppenübungsplatz Münsingen. Durch seine jahrzehntelange Isolation weist der Platz noch nahezu dasselbe Landschaftsbild wie vor 100 Jahren auf. Innerhalb seiner Grenzen ist das ehemalige Dorf Gruorn ein interessanter Anlaufpunkt.

Heute ist das Gelände des ehemaligen **Truppenübungsplatzes Münsingen** das Zentrum und Herz des neu ausgewiesenen Biosphärengebiets, eine in jeder Hinsicht besondere Natur- und Kulturlandschaft, bei deren neuer ziviler Nutzung man sich aber auch stets der Gefahren durch Munitionsreste bewusst sein muss. Besucher dürfen sich ausschließlich auf den gelb markierten freigegebenen Wegen bewegen. Gesperrte Wege sind, auch wenn sie noch so verlockend aussehen, absolut tabu. Eine Ausnahme davon bilden lediglich Exkursionen mit den Münsinger TrÜP-Guides, besonders ausgebildete Führer. Die freigegebenen Wege sind meist asphaltiert, so dass Familie sich auf ihnen mit Kinderwagen, Inlinern oder auch Rädern fortbewegen kann. Die weite parkartige und menschenleere Offenheit der Landschaft, wo wandernde Schafherden statt intensiver

Schafe sind die Einzigen, die die Wiesen im ehemaligen Truppenübungsplatz Münsingen betreten dürfen, für Menschen kann das lebensgefährlich sein.

Landwirtschaft den Raum prägen, die interessante Geschichte des Dorfes Gruorn, alles das wiegt mehr als auf, dass man auf den ausgewiesenen Wegen bleiben muss. Eine Karte mit dem Wegenetz ist im Infozentrum »Altes Lager« erhältlich.

Der Truppenübungsplatz und seine Geschichte

Das militärische Übungsgelände war 110 Jahre lang eine ganz und gar abgeschottete Enklave in der Landschaft der Schwäbischen Alb. Ende des 19. Jahrhunderts wurde für das XIII. Königlich Württembergische Armeekorps ein Übungsgelände gesucht und 1895 im kaum besiedelten Münsinger Hardt gefunden. Das Hardt galt wegen seines rauen Klimas als unbewohnbar und für den Ackerbau wenig geeignet. So entstand hier ein Truppenübungsplatz mit Barackenlager (»Altes Lager«) als Truppenunterkunft und dem Remontedepot Breithülen (ein Remonte ist ein junges Militärpferd). Bald zeigte sich aber, dass das ausgewiesene Gelände für die Bedürfnisse des Militärs nicht ausreichte. Die Erweiterung 1937 erfolgte nicht zuletzt unter den Vorzeichen der Aufrüstung im Hitler-Deutschland. Gruorn, ein Dorf mit 700 Einwohnern, wurde gänzlich ausgesiedelt. Die militärische Nutzung des rund 67 Quadratkilometer großen Truppenübungsplatzes (für den sich heute auf Hinweisschildern die Abkürzung »TrÜP« etabliert hat), die übrigens nach dem Zweiten Weltkrieg unter zunächst französischer Regie weitergeführt wurde, endete zum 31. Dezember 2005. Bis zu diesem Zeitpunkt wurden von verschiedenen Nationen mit ganz un-

Gruorn im ehemaligen Truppenübungsplatz Münsingen aus der Vogelperspektive

terschiedlichen Waffengattungen militärische Übungen abgehalten.

Eine Besonderheit des Platzes ist das Dorf **Gruorn.** Man erreicht es auf kürzestem Weg vom Parkplatz »Trailfinger Säge« über den Weg Nr. 5. Ursprünglich war Gruorn ein recht stolzes und großes Dorf mit 150 Gebäuden. Davon stehen heute nur noch zwei: die Stephanuskirche und das ehemalige Schulhaus. Wer genau hinschaut, wird zudem ein paar unter Büschen und Brennnesseln versteckte Mauerreste bemerken und alte Obstbäume dort, wo einmal die Bauerngärten waren. Nur diese spärlichen Überbleibsel sind geblieben und erzählen von dem Dorf, dessen Einwohner vor rund 70 Jahren umgesiedelt wurden, um Platz für die Erweiterung des Truppenübungsplatzes zu machen. Sie waren gut entschädigt worden, hatten aber ihre Heimat und angestammten Besitz verloren. Über den Ursprung des Ortes, wie auch seines ungewöhnlichen Namens weiß man nichts. Als sicher gilt jedoch, dass zumindest Teile der heutigen Kirche Mitte des 11. Jahrhunderts erbaut wurden. Zu ihren besonderen Schönheiten gehört ein Fresko aus dem 14. Jahrhundert. Nicht minder sehenswert ist das Netzrippengewölbe des Chorraums aus der Werkstatt des Peter von Koblenz. Im Schulhaus werden Erinnerungsstücke und Fotos aus dem Alltagsleben im früheren Dorf gezeigt. Interessierte Besucher werden auf einem Rundgang durch den ehemaligen Ort geführt und darüber informiert, wie man sich das damalige Leben der Menschen auf der Albhochfläche vorstellen muss. Der Erhalt der Kirche und des Friedhofs ist übrigens dem »Komitee zur Erhaltung der Kirche in Gruorn« zu verdanken, einem Zusammenschluss ehemaliger Bewohner, Angehöriger und Freunde. An Sonn- und Feiertagen erhält man im alten Schulhaus auch gutes Essen aus regionalen Produkten.

Der Schwäbische Albverein hat vier ehemalige militärische Beobachtungsstürme als **Aussichtstürme** übernommen, von denen sich nun auch Besuchern ein guter Blick auf den Platz und die Mittlere Schwäbische Alb bietet. Diese sind: die Stahlgittertürme »Hursch« (Höhe 42 Meter) bei Zainingen, »Waldgreut« (Höhe 20 Meter) ebenfalls bei Zainingen, »Heroldstatt« (Höhe 30 Meter) bei Ennabeuren und der »Sternenbergturm« (Höhe 8 Meter) bei Böttingen.

Sitz der Geschäftsstelle und Ausgangspunkt und Informationsstelle für alle Besucher des ehemaligen Truppenübungsplatzes ist das **Informationszentrum »Altes Lager«.** Das denkmalgeschützte Haus am Eingang zum Alten Lager in Münsingen-Auingen wird gerade saniert und umgebaut. Es soll bis Sommer 2010 fertiggestellt sein und eine Dauerausstellung beherbergen.

■ **TrÜP-Guides:** *Auskünfte und Buchung über die Tourist-Information Münsingen, Hauptstraße 13, 72525 Münsingen, Telefon (0 73 81) 1 82-1 45.*
➜ *www.muensingen.de*

■ **Gruorn:** *Gruorn ist zu Fuß auf kürzestem Weg vom Parkplatz »Trailfinger Säge« über den Wanderweg Nr. 5 erreichbar. »Komitee zur Erhaltung der Kirche in Gruorn e. V.«, Hans Lamparter, Telefon (0 73 81) 12 82. Altes Schulhaus, Ingrid Kuhnle, Telefon (0 71 25) 40 85 93. Öffnungszeiten der Küche im Alten Schulhaus: April bis Oktober an Sonn- und Feiertagen, für Gruppen (ab 20 Personen) auch werktags. Länge der Wanderung Parkplatz–Gruorn hin und zurück: 4,2 Kilometer.*
➜ *www.gruorn.de*

■ **Aussichtstürme:** *Die genauen Standorte sind im Infozentrum »Altes Lager« zu erfahren. Die Türme sind nur an Sonn- und Feiertagen zugänglich.*

■ **Informationszentrum »Altes Lager«:** *Das Informationszentrum ist ausgeschildert. Altes Lager, Gebäude R 13, 72525 Münsingen-Auingen, Telefon (0 73 81) 93 29 38-10.*
➜ *www.biosphaerengebiet-alb.de*

Mountain-Bike und Kalligraphie

Infozentrum »Münsinger Bahnhof« – Kräuterpfad Münsingen – Naturschutzgebiet Beutenlay – Naturerlebnisstationen Wald-Feld-Wasser – Mountainbike-Park – Atelier Kirsamer

An Münsingen grenzt das Herz des Biosphärengebiets, der ehemalige Truppenübungsplatz. Davon unabhängig hat Münsingen selbst für Familienausflüge mehr als genug zu bieten: das Infozentrum »Münsinger Bahnhof«, das künftig auch der Dampfzug »Württemberger Zug« anfahren soll, das Naturschutzgebiet Beutenlay mit Kräuterpfad sowie einen Mountainbike-Park und das Kalligrafie-Atelier Kirsamer.

Der **Münsinger Bahnhof** ist bereits seit 2006 Informationszentrum für den ebenfalls von der UNESCO anerkannten »GeoPark Schwäbische Alb«. Nun übernimmt der Bahnhof diese Funktion zusätzlich für das neu ernannte UNESCO-Biosphärenreservat. Hier erfährt man Wissenswertes über die Landschaft und ihre Attraktionen, im Bistro lassen sich sonn- und feiertags diverse regionale Produkte kosten oder kaufen. Ferner sind hier ein Haltepunkt der Schwäbischen Alb-Bahn und des Biosphärenbusses, kreuzen sich Buslinien, auf denen vom 30. April bis zum 15. Oktober an Sonn- und Feiertagen die Mitnahme von Fahrrädern möglich ist. Bald soll hier auch ein Dampfzug verkehren: der »Württemberger Zug«. Bestehen soll er aus der Zahnraddampflokomotive aus Honau-Lichtenstein, deren 20-jährige Restaurierung nun ein glückliches Ende finden soll, und passenden Wagen. Die Zahnraddampflok wird dann mit ihren 850 PS die stärkste betriebsfähige Dampflok der Welt sein. Dass sie auf ihre alte Stammstrecke zwischen Engstingen und Schelklingen zurückkehrt, ist für alle Eisenbahnfreunde die höchstmögliche museale Bewahrungs-

Der Münsinger Bahnhof ist heute zugleich eines der Infocenter für das UNESCO-Biosphärenreservat Schwäbische Alb.

form. Bis es so weit ist und auch danach, ist es nicht minder reizvoll, die Schienenbusse »Ulmer Spatz« und »Roter Brummer« zu nutzen, die im Zweistundentakt ebenfalls an Sonn- und Feiertagen auf derselben Strecke verkehren.

Ganz neu wurde der **Kräuterpfad Münsingen** geschaffen, der den Bahnhof und das Naturschutzgebiet Beutenlay verbindet. Auf ihm kann man nicht nur die verschiedensten Aromen der Region riechen und schmecken, man erhält auch einen Einblick in die Erdgeschichte und den geologischen Aufbau der Schwäbischen Alb. Die Kräuter als wichtigster und namengebender Teil sind nach Einsatzgebieten und Wirkungsweisen geordnet. So findet man Kräuter gegen Erkältungskrankheiten, für Blase und Niere, für den Darm, die Haut und natürlich die Küche. Und irgendwo blüht immer etwas.

- **Der Mountainbike-Park Münsingen ist für Profis und Kids gleichermaßen reizvoll.**

Somit ist der Spaziergang vom Bahnhof ins **Naturschutzgebiet Beutenlay** in die Innenstadt Münsingens noch reizvoller geworden. Der Beutenlay ist ein etwa 100 Hektar großes Naturreservat am südlichen Stadtrand von Münsingen – eine der vielen für die Gegend typischen Weidekuppen der Münsinger Kuppenalb. Von hier hat man einen schönen Blick über Teile der Stadt und des ehemaligen Truppenübungsplatzes. Die meiste Zeit aber wird das Auge gefangen sein von dem, was im Beutenlay an Kleinem und Großem zu beobachten ist: auf der Enzianwiese, der Wacholderheide, bei den Hecken und Weidebuchen, im Arboretum, aber auch an den Waldrändern und sogar auf der Fichtenversuchsfläche. Immer lohnt es sich, genau hinzusehen, auch um Kleintiere wie bunte Schmetterlinge oder »riesengroße« Heupferde zu entdecken. Nahe dem Eingang bei der Straßenmeisterei ist ein Grillplatz mit Tischen, Bänken und einer Spielwiese, die zur Rast einladen. Der Beutenlay selbst erschließt sich am besten auf einem Rundweg entlang der verschiedenen thematischen Stationen. Am Ende kehrt man aus dem »Strauchartenfeld« über Beutenlay-, Schiller- und Schloßstraße zurück in die Stadtmitte von Münsingen – auf ein Eis, einen Stadtbummel oder eine Einkehr in eines der Restaurants.

Für sportlich Interessierte gibt es in Münsingen noch einen reizvollen Anlaufpunkt: den **Münsinger Mountainbike-Park.** Schon seit zwanzig Jahren, immer im April, trifft sich hier die nationale und internationale Elite der Mountainbike-Szene zur MTB-Bundesliga. Um das Rennen

auf der 4,8 Kilometer langen Strecke noch attraktiver zu gestalten, wurde im Start- und Zielbereich des Profi-Rennens ein Mountainbike-Park mit zahlreichen anspruchsvollen Hindernissen geschaffen. Und der steht das ganze Jahr über auch den Amateuren und Hobby-Mountainbikern zur Verfügung. Die steile Abfahrt von der Illig-Brücke, das legendäre Kopfsteinpflaster Paris–Roubaix oder das Schwörer-S sind nur drei spektakuläre von insgesamt 24 Stationen, die den Rundkurs ausmachen.

Wer als Familie noch mehr Natur erleben will und das ganz wörtlich und zugleich mit Spaß und Action, sollte noch mindestens eine der drei sogenannten **Naturerlebnisstationen Wald-Feld-Wasser** außerhalb Münsingens besuchen.

Lohnend sind alle drei und an allen gibt es verschiedene Punkte, an denen durch Beobachten, Tasten, Fühlen oder Bewegen ein besonderer Bezug zur Natur entsteht. So gibt es an der Station »Wald« unter anderem einen jahreszeitlich immer neu bestückten »Fühlkasten«. Bei der Station »Feld« geht es um die von Hecken geprägte Landschaft und die Frage, was »des Teufels Hirnschale« sein könnte. Die Station »Wasser« lockt nicht zuletzt kleinere Kinder. Hier darf nämlich in einem Weidentrampolin getobt, in einem Weidenhaus Verstecken gespielt und »Hopi« zugehört werden, wenn er aus seinem Leben als Frosch erzählt. Familien, die dies machen wollen, brauchen allerdings ein Auto. Die einzelnen Stationen liegen doch recht weit auseinander.

Ein Auto ist auch sinnvoll, wenn man sich am Ortsrand von Trailfingen im **»Atelier CBK – Claudia Bärbel Kirsamer«** mit Kalligrafie beschäftigen will. Kalligrafie, die Kunst der Schönschrift, ist eine Sache, der man sich hier widmen kann und zwar in jedem Alter. Eine andere, dass, wer genug vom Schreiben hat, sich ins Heu oder in die Wiese legen, am Feuer sitzen oder die Ziegen beobachten kann. Auch viele Ideen für Kindergeburtstage sind vorhanden: Da darf dann nicht nur spielerisch geschrieben, sondern auch die Ziegen abgemalt oder gefüttert, die Katzen gestreichelt oder auf einem 16 PS starken Porsche mitgefahren werden.

■ **Infozentrum »Münsinger Bahnhof«:** *Anreise nach Münsingen per Bahn möglich. Infozentrum, Bahnhof 8, 72525 Münsingen. Öffnungszeiten: Mai bis Oktober, sonn- und feiertags 10–17.30 Uhr.*

■ **Dampflok »Württemberger Zug«:** *Freunde der Zahnradbahn Honau-Lichtenstein e. V., Tübinger Straße 21, 72762 Reutlingen, Telefon (0 73 81) 92 11 03*
➜ www.wuerttemberger-zug.de

■ **Naturerlebnisstationen Wald-Feld-Wasser:** *Die* **Naturerlebnisstation Wald** *findet man direkt hinter der Schäferei Stotz, die sich links der Kreisstraße K 6769 zwischen Münsingen und Apfelstetten befindet. Die* **Naturerlebnisstation Feld** *ist südlich von Apfelstetten Richtung Buttenhausen im Bereich des Gebiets »Hochen«. Die* **Naturerlebnisstation Wasser** *befindet sich am südlichen Ortsausgang von Buttenhausen direkt am Lautertalradweg in Richtung Hundersingen.*

■ **Mountainbike-Park Münsingen:** Bei den Sportanlagen »Im Wiesental«, in der Grafenecker Straße (anders gesagt: gegenüber vom Alten Bahnhof, hinter der ersten Sportanlage). Auch ein Skater-Park

Münsingen ist ein Haltepunkt der Schwäbische-Alb-Bahn, der Schienenbusse »Ulmer Spatz« und »Roter Brummer« und bald auch eines Dampfzugs.

ist vorhanden. Öffnungszeiten: Außer bei Veranstaltungen frei und kostenlos zugänglich. Die Benutzung erfolgt auf eigene Gefahr. Das Tragen geeigneter Schutzkleidung und eines Helms ist Pflicht.

■ **Atelier CBK – Claudia Bärbel Kirsamer:** *Schanzweg 6, 72525 Münsingen-Trailfingen, Telefon (0 73 81) 83 70. Die »Kalligraphie-Stunde« dauert 90 Minuten, Termine nach Vereinbarung.*
➜ *www.schriftkunst.de/cbk*

■ **Münsingen:** *Informationen zum Kräuterpfad Münsingen, zum Naturschutzgebiet Beutenlay, zum Mountainbike-Park, zu den Naturerlebnisstationen und zum Atelier Kirsamer auch bei der Tourist-Information Münsingen, Bachwiesenstraße 7, 72525 Münsingen, Telefon (0 73 81) 1 82-1 45.*
➜ *www.muensingen.de*

Da ist gut Pferd sein

Haupt- und Landgestüt Marbach – Gestütshof Offenhausen – Gestütshof St. Johann – Gestütshof Güterstein

Dieser Ausflug führt uns quer über die Alb und muss mit dem Auto unternommen werden, weshalb er sich besonders auch bei schlechtem Wetter anbietet: Auf der Hochfläche präsentiert sich das Haupt- und Landgestüt in Gomadingen-Marbach mit seinen Außenstellen in Offenhausen, St. Johann und Güterstein als Besuchermagnet für Groß und Klein.

»Da ist gut Pferd sein« ist der Titel eines Buches, in dem ein Pferdeleben in Marbach an der Lauter beschrieben wird. Und das zu Recht: In Deutschland gibt es wenige Gestüte, die so harmonisch in die umgebende Landschaft eingebettet sind und diese im Gegenzug so prägen wie das **Haupt- und Landgestüt Marbach.** Besucher kommen in Scharen und gerade deshalb hält ihnen Marbach nicht nur bei Veranstaltungen Tore und Ställe offen. Marbach gilt als das älteste staatliche Gestüt Deutschlands. Seit 1492 werden hier Pferde gehalten, gezüchtet, aufgezogen und ausgebildet. Auch pferdebegeisterte Menschen jeden Alters werden in Marbach in zahlreichen, das ganze Jahr über abgehaltenen Kursen und Lehrgängen in Dressur und Springen oder im Kutschenfahren aus- und weitergebildet. 1817 ging das Gestüt in staatlichen Besitz über. Viele historische Gebäude sind noch erhalten und tragen zur besonderen Atmosphäre Marbachs bei. Allen voran fällt das Hauptgebäude auf, ein dreigeschossiger, schlossähnlicher Bau aus dem 16. Jahrhundert, der im 18. Jahrhundert erweitert wurde. An Sonn- und Feiertagen werden Führungen durch die Anlage angeboten. Die Stallungen beherbergen die Deckhengste, die Laufställe ober-

Schöner kann ein Fohlenleben nicht sein als auf den Wiesen der Alb.

halb des Hofes Vollblutaraberstuten. Letztere sind meist auf den Koppeln. Die Boxenställe der Hengste sind frei zugänglich, und auch ein Gang hinaus zu den weitläufigen Koppeln lohnt immer. Und noch etwas gehört untrennbar zu Marbach: sein oft fotografiertes Wahrzeichen, der Stutenbrunnen im Hof mit seiner schönen Bronzeskulptur einer säugenden Stute. Er wurde 1844 unter König Wilhelm I. geschaffen, dessen Verdienst es ist, dass die Zucht reinblütiger Araberpferde nach Marbach kam, und der das Gestüt um die Außenstellen in Offenhausen, St. Johann und Güterstein erweiterte. Jede von diesen Außenstellen lohnt ebenfalls mehr als einen Besuch.

Die Hengstparade

Die meisten Besucher kommen im Herbst anlässlich der schon legendären Hengstparade nach Marbach. An vier Sonntagen Ende September und Anfang Oktober zeigen alljährlich (außer in Jahren, in denen in Stuttgart auf dem Cannstatter Wasen das Landwirtschaftliche Hauptfest stattfindet) die hier gehaltenen Pferde, was sie und natürlich ihre Bereiter so alles draufhaben. Höhepunkte der Leistungsschau sind die stehend auf den Pferderücken gerittene, temperamentvolle »Ungarische Post«, das bezaubernde Bild der freilaufenden Araberstutenherde und nicht zuletzt die exakt gerittene große Hengstquadrille. Wenn Kinder nach der Hengstparade noch pferdebegeisterter sind als vorher, tröstet sie über eine pferdelose Zeit vielleicht der Kinderclub »Julmonds Marbach« hinweg. Als Mitglieder erfahren es Kinder nicht

nur zuerst, wenn in Marbach Veranstaltungen anstehen. Wichtiger ist, dass der Club viele Programme speziell für Kinder anbietet: Wie male ich ein Pferd? Ein Pferd bekommt neue Schuhe. Pferde und Hunde ... Der Kinderclub hat sogar ein Patenfohlen und so ist jedes Kind – ein bisschen wenigstens – auch Pferdebesitzer.

Nach Süden zu, gar nicht weit entfernt, liegt im gleichnamigen Ortsteil Gomadingens der **Gestütshof Offenhausen.** Die Bauten, die das Gestüt heute nutzt, stammen

Das vielfotografierte Wahrzeichen des Haupt- und Landgestüts Marbach: der Stutenbrunnen mit der Bronzeskulptur einer säugenden Stute

zum Teil noch aus dem frühen Mittelalter. Eine noch recht gut erhaltene Mauer umschließt den Komplex. Hier stand seit 1258 das Frauenkloster der Dominikanerinnen St. Maria Gnadenzell. Nach der Reformation wurde es aufgelöst und ein herzogliches Gestüt für Pferde und Maultiere darin eingerichtet. Auch hier stehen heute Hengste, und auf den Koppeln oberhalb des Gestütshofs werden in Laufställen die in Marbach geborenen sowie die in Pension genommen Hengstfohlen aufgezogen. Die ehemalige Klosterkirche ist heute ein sehenswertes Gestütsmuseum. Hervorzuheben sind die prachtvollen Kutschen und Schlitten, die es zeigt. Kaum weniger von Interesse sind für Pferdefreunde die Geschirre und Sättel, aber auch die pferdegezogenen landwirtschaftlichen Geräte. Als besondere, vielleicht etwas makabere Rarität ist das Skelett des berühmten Araberhengstes Bairactar ausgestellt.

Der **Gestütshof St. Johann** (siehe Ausflug 4) trägt einen Namen christlichen Ursprungs. Er rührt von einem ehemals zum Kloster Güterstein gehörenden Waldbruderhaus mit Kapelle, das später als herzogliches Jagd- und Forsthaus genutzt wurde. Bereits ab Mitte des 17. Jahrhunderts wurden in St. Johann Fohlen gehalten. Vom ehemaligen Forsthof mit den Hengstställen, in denen 30 Hengste Platz finden, führt der Weg entlang einer herrlichen Baumreihe zu den Laufställen und Koppeln, wo die in Marbach geborenen und in

Pension genommenen Stutfohlen aufgezogen werden.

Der von König Wilhelm I. von Württemberg erbaute **Gestütshof Güterstein** liegt in einem Seitental der Erms, in der Nähe des Uracher Wasserfalls. Güterstein gehörte als Zisterzienserkloster zuerst zum nahe Tübingen gelegenen Kloster Bebenhausen, dann zu Zwiefalten, ehe es in eine Kartause umgewandelt wurde. Von den vor 1820 errichteten Gebäuden und der Kirche ist allerdings nichts mehr vorhanden. In Güterstein werden ebenfalls Stutfohlen aufgezogen, im Sommer auch Rinder in Pension genommen.

- **Haupt- und Landgestüt Marbach:** *Das Gestüt ist gut ausgeschildert. Gestüt, 72532 Gomadingen-Marbach, Telefon (0 73 85) 96 95-0. Frei zugänglich, außer bei Veranstaltungen und der Hengstparade. Es empfiehlt sich, die Karten für die Hengstparade vorab zu bestellen. Führungen (ohne Voranmeldung): Sonn- und feiertags sowie in den baden-württembergischen Schulferien täglich jeweils 13 und 14.30 Uhr. Dauer: 1 Stunde. Telefon (0 73 85) 96 95-37.*
  → www.gestuet-marbach.de

- **Kinderclub »Julmonds Marbach«:** *Einmalige Aufnahmegebühr 15 Euro. Julmonds Marbach, Haupt- und Landgestüt Marbach, 72532 Gomadingen, Telefon (0 73 85) 96 95-0.*
  → www.julmonds-marbach.de

- **Gestütshof und -museum Offenhausen:** *Mitten im Gomadinger Ortsteil Offenhausen gelegen. Öffnungszeiten: Dienstags bis freitags 14–17 Uhr, samstags 13–17 Uhr, sonn- und feiertags 10–12 und 13–17 Uhr (während der Wintermonate geschlossen), Telefon (0 73 85) 8 84.*
  → www.gomadingen.de
  → www.gestuet-marbach.de

- **Gestütshof St. Johann:** *Der Gestütshof liegt von Eningen unter Achalm kommend links der Landstraße L 380. Telefon (0 71 22) 8 29 90.*
  → www.gestuet-marbach.de

- **Gestütshof Güterstein:** *Der Hof liegt von Dettingen an der Erms kommend kurz vor der Ortseinfahrt nach Bad Urach links der Bundesstraße B 28.*
  → www.gestuet-marbach.de

Biosphärengebiet Schwäbische Alb Süd

Für alle Sinne

Ruine Hohenstein – Naturerlebnispfad Häulesrain – Bauernhausmuseum Ödenwaldstetten – Kindernaturschutzgebiet Hüttenstuhlburren – ALB-GOLD-Barfußtastpfad

Die hier beschriebenen Ausflugsziele liegen zwar knapp außerhalb des Biosphärengebiets – wir haben sie wegen ihrer Güte dennoch in dieses Buch integriert. Denn: Kindgerechter geht es kaum! Der Naturerlebnispfad Häulesrain ist liebevoll bis ins kleinste Detail gestaltet. Erlebnispfad, Bauernhofmuseum und Kindernaturschutzgebiet liegen alle auf der Gemarkung Hohenstein und können zu einem gelungenen Familienausflug verknüpft werden.

Die Gemeinde Hohenstein auf der mittleren Kuppenalb ist nicht Teil des UNESCO-Biosphärenreservats, hat aber Kindern so viel zu bieten, dass sie sich ihren Platz in diesem Ausflugsführer verdient hat. Hier, in Hohenstein-Meidelstetten, sind auch einige der berühmten Albbüffel zu Hause (siehe Ausflug 9). Im Zuge der Gemeindereform 1975 wurden die ehemals selbstständigen Gemeinden Bernloch, Eglingen, Meidelstetten, Oberstetten und Ödenwaldstetten eingemeindet. Die **Burgruine Hohenstein** steht in Oberstetten, fast wie ein verwunschenes Schloss zwischen moosüberwachsenen Felsbrocken und knorrigen Bäumen mitten im Wald. Die Burg wurde um 1100 erstmals erwähnt und man weiß, dass sie einst überregionale Bedeutung hatte. Schließlich nahmen an ihren Hoffesten zweimal sogar die Markgrafen von Baden teil. Trotzdem war sie schon 1438 nicht mehr bewohnt. Bei der Gemeindereform, als nach einem neuen gemeinsamen Namen für die fünf Orte gesucht wurde, besann man sich auf die zuvor fast vergessene Burg.

»Natur hautnah mit allen Sinnen entdecken und erleben« lautet das Motto des **Naturerlebnispfads Häulesrain** bei Hohenstein-Meidelstetten. Die erste Spiel- und Erlebnisstation ist gleich beim Parkplatz zu finden. 15 weitere folgen. Der Weg schlängelt sich als schmaler Pfad in einem drei Kilometer langen Rundkurs inmitten einer wunderschönen Landschaft von Lebensraum zu Lebensraum, durch Wald, Wacholderheide, Hutewald und Obstbaumwiesen. Unterwegs gibt es die unterschiedlichsten Spielstationen, darunter ein Kegelspiel, ein Hochstand oder Fühlkasten mit außergewöhnlichem Inhalt. Auch die unterschiedlichsten Tiere sind zu beobachten: viele Schmetterlinge, Bienen – draußen und im Bienenhaus – Weidetiere, darunter manchmal auch die imposanten Albbüffel von Willi Wolf (siehe Ausflug 9). Kurz vor Ende des Wegs, im alten Steinbruch, gibt es eine Grillstelle, wo es sich gut lagern lässt und die massiven, vor circa 150 Millionen Jahren entstandenen Kalkfelsen erkundet sein wollen.

Schön spielen und spielerisch lernen, toben und grillen können Kids im Kindernaturschutzgebiet Hüttenstuhlburren bei Ödenwaldstetten.

Zeit genug ist auch, um das **Bauernhausmuseum Ödenwaldstetten** zu besuchen. Es ist erst nachmittags geöffnet. Das Hauptgebäude wurde um 1600 gebaut. Es ist vom Keller bis zur Bühne voll eingerichtet. Nichts fehlt, was eine bäuerliche Familie früher zum Leben und Arbeiten

brauchte. Bei Museumsfesten werden auf den beiden Herden deftige, bodenständige Gerichte zubereitet und in stilechtem Geschirr serviert. Im Außenbereich ist ein historischer Bauerngarten angelegt, in dem längst vergessene

Das Bauernhausmuseum in Ödenwaldstetten

Kulturpflanzen, aber auch Heilkräuter und Gewürze zusammen mit einer bunten Blumenpracht ein reizvolles Ensemble bilden. Das Nachbargebäude aus der Zeit um 1830 beherbergt Stall und Scheuer. Neben einer Sammlung landwirtschaftlicher Geräte haben die Arbeitsutensilien bäuerlicher Handwerker hier ihren Platz gefunden. Bei Museumsfesten führen oftmals Besenbinder, Korbmacher, Wagner, Küfer, Schuhmacher oder Weber ihr Handwerk vor. Am Rande sei vermerkt, dass das Bauernhausmuseum ergänzend drei weitere Dauerausstellungen beherbergt: Teddybären, Glücksschweinchen und präparierte heimische Wildtiere.

Wer mag, kann vom Bauernhausmuseum ins Kindernaturschutzgebiet auch laufen. Der Weg dorthin ist ausgeschildert. Das **Kindernaturschutzgebiet Hüttenstuhlburren** ist bislang das erste und einzige Kindernaturschutzgebiet Deutschlands. Es will Kindern die Besonderheiten eines Naturschutzgebietes nahebringen. Allerdings nicht belehrend, sondern in spielerischer Auseinandersetzung mit der Natur. In einem überdimensionalen Vogelnest zum Beispiel sollen Kinder nachempfinden können, wie sich ein Jungvogel im Nest fühlt. Holzstämme, die als Balancierbalken dienen, sollen veranschaulichen, wie sensibel die Natur ist, wie leicht sie aus dem Gleichgewicht zu bringen ist und was es zur Folge hat, wenn das geschieht. Zu allen Spielstationen sind zwar kindgerechte Erklärungen vorhanden, doch können sie genauso gut ohne Erklärungen, nur um des Spiels willen, genutzt werden. Eine Feuerstelle fehlt natürlich auch hier nicht.

Wer noch mehr Sinneserlebnisse haben will, dem sei zum Abschluss der **Barfußtastpfad** im »ALB-GOLD Kräuter- und Erlebnisgarten« im nahen Trochtelfingen empfohlen. Der Nudelhersteller hat diesen Barfußpfad auf seinem Firmengelände angelegt, um Interessierten und vor allem Kindern auf spielerische Weise die Erdgeschichte näherzubringen. Unterschiedliche Kiese, Sand und Gesteinsgranulate machen so die Alb mit den Füßen erlebbar.

Wer sich unterwegs Zeit lässt und nicht verlernt hat, mit Kinderaugen zu sehen, findet überall, an jedem Wegrand, kleine Wunder.

Albbüffel: *Eine große Weide für die Albbüffel liegt am äußersten Ortsende von Meidelstetten an der Straße nach Engstingen. Willi Wolf, Steinhilberstraße 17, 72531 Hohenstein-Meidelstetten, Telefon (0 73 87) 5 79.*
→ *www.willi-wolf.de*

Naturerlebnispfad Häulesrain: *Am Ortsausgang von Meidelstetten in Richtung »Haid«. Länge: 3 Kilometer (nicht für Kinderwagen geeignet).*

Bauernhausmuseum Ödenwaldstetten: *Am östlichen Ortsrand von Ödenwaldstetten. Öffnungszeiten: 1. Mai bis 31.Oktober, mittwochs, samstags, sonn- und feiertags 14–17 Uhr.*

Kindernaturschutzgebiet Hüttenstuhlburren: *Zwischen Ödenwaldstetten und Eglingen, ganzjährig frei zugänglich.*

Hohenstein: *Alle Informationen zu diesem Kapitel erhält man bei der Gemeindeverwaltung Hohenstein, Im Dorf 14, 72531 Hohenstein, Telefon (0 73 87) 98 70-0.*
→ *www.gemeinde-hohenstein.de*

ALB-GOLD-Barfußtastpfad: *Der Pfad ist im Kräutergarten des ALB-GOLD-Kundenzentrums in Trochtelfingen. Dieser ist von Mai bis Oktober montags bis sonntags 10–22 Uhr geöffnet. Alb-Gold, Im Grindel 1, 72818 Trochtelfingen, Telefon (0 71 24) 9 29 11 55.*
→ *www.alb-gold.de*

Ritter trifft Prinzessin

14 Burgen und Schlösser im Lautertal – Lautertal Eis

Jede Familie kennt die Phase, in der sich ihre Kinder für Ritter, Burgfräulein und Prinzessinnen interessieren. Im Biosphärengebiet und ganz besonders im Tal der Großen Lauter ist man dann genau richtig. Hier reihen sich auf nur 18 Kilometer Länge 20 Burgstellen, Burgruinen und Schlösser aneinander. Natürlich will niemand alle an einem einzigen Tag besuchen. Doch wenn man weiß, was es wo zu sehen gibt, kann man sich seine ganz persönliche Route zusammenstellen. Deshalb sind im Folgenden die wichtigsten mit ein paar Stichworten kurz charakterisiert. Und wer mag, kann auf Burg Derneck sogar übernachten und sich, wenn auch nur für kurze Zeit, als Burgherr fühlen.

Der Reigen der Burgen und Schlösser beginnt im Norden des Großen Lautertals mit **Schloss Grafeneck.** Das Schloss, im Seitental des Dolderbachs gelegen, wurde im Auftrag Herzog Christophs anstelle einer mittelalterlichen Burg errichtet und 1762 bis 1772 von Herzog Carl Eugen zu einer »zweiten Solitude« umgestaltet. Traurige Bekanntheit hat die ehemalige Jagd- und Sommerresidenz der Herzöge vom Württemberg vor allem aber erlangt, weil es im Dritten Reich hier zur Tötung tausender behinderter Menschen kam. Eine Gedenkstätte im Schloss erinnert daran.

Im Brunnental, einem weiteren Seitental des Lautertals, liegt die **Ruine Blankenstein.** Sie stammt aus dem 12. Jahrhundert, war jedoch schon um 1442 verfallen. Außer dem nicht begehbaren Turm sind verschiedene Mauer- und Fundamentreste erhalten.

Die **Burg Buttenhausen** wurde 1389 erstmals erwähnt. Heute ist sie nur Burgstall, das heißt, nur spärliche Mauerreste weisen darauf hin, dass es hier einmal eine Burg gab. Sie liegen auf dem Gelände des Friedhofs oberhalb der Michaeliskirche.

Die ehemalige **Burg Hohenhundersingen** ist 1237 erstmals urkundlich erwähnt. Die Hundersinger selbst gehörten dem Hochadel an. Doch bereits 1352 wurde die Burg an den württembergischen Grafen Eberhard II. verkauft, den man auch unter seinem Beinamen »Der Greiner« kennt. Nach weiterem mehrfachem Besitzerwechsel wurde die Burg um 1530 zerstört.

Die **Burg Bichishausen** wurde Ende des 13. Jahrhunderts von Konrad von Gundelfingen erbaut, verzeichnete nach und nach etliche Besitzerwechsel und verfiel etwa ab Mitte des 16. Jahrhunderts. 1627 kam sie an das Haus Fürstenberg, 1923 ging sie in Privatbesitz über. Die Burg liegt, eindrucksvoll anzusehen, auf einem Sporn, der Kanustation (siehe Ausflug 25) und dem Lauter-Informationszentrum gegenüber. Die Bushaltestelle »Zollhaus« erinnert an die frühere

- **Burg Derneck bei Hayingen: Hier kann man sich für eine Nacht wie ein Ritter fühlen.**

Zersplitterung Süddeutschlands: In Bichishausen war während Jahrhunderten eine von insgesamt vier Grenzstellen, die allein die Straße zwischen Münsingen und Hayingen aufwies.

Die **Burgruine Hohengundelfingen** dürfte neben Burg Derneck die wahrscheinlich schönste, mächtigste und vor allem größte Anlage im Lautertal sein. Sie wurde bereits im 11. Jahrhundert erbaut. Ihr heute 12 Meter hoher Bergfried, der vermutlich einmal mindestens doppelt so hoch war, ist aus riesigen, bis zu einem Meter dicken Steinquadern erbaut. Trotzdem wurde sie 1376 zerstört, und zwar in den Kämpfen, den die zum »Schwäbischen Bund« zusammengeschlossenen oberdeutschen Reichsstädte führten, um ihre altgewohnten Rechte zu verteidigen. Bereits seit 1437 wird sie in den Urkunden als »Burgstall« geführt, das heißt, als Standort einer nicht mehr vorhandenen Burg. Heute ist sie zwar in Privatbesitz, jedoch öffentlich zugänglich.

Von ihrem Bergfried aus blickt man auf den Umlaufberg der Lauter, auf dem die ältere **Burg Niedergundelfingen** steht. Auch sie ist heute in Privatbesitz, allerdings im Gegensatz zur anderen bewohnt und daher für Besucher gesperrt.

Das sich in eine Schleife der Lauter schmiegende Buttenhausen ist mit seiner Burgruine Teil der Burgenlandschaft des Lautertals.

Vielen gilt **Burg Derneck** als die schönste Burg im Lautertal. Von der ursprünglichen Anlage bestehen noch der äußere und innere Zwinger, die Schildmauer, das »Steinhaus« mit der vorgelagerten Wehrmauer, das Försterhaus (das heutige Wanderheim) und die Tenne. Burg Derneck wurde um 1340 von einem Degenhard von Gundelfingen erbaut, der sich, wie auch die Burg, seitdem »von Degeneck« nannte. Im 17. Jahrhundert ging die Burg, zusammen mit dem Gebiet Hayingen, an die Fürstenberger. Mitte des 18. Jahrhunderts wurde sie erneuert und erweitert. 1929 kam sie in den Besitz des Landes Baden-Württemberg. 1967 baute der Schwäbische Albverein sie zu dem beliebten und vielbesuchten Wanderheim aus, als das man sie heute kennt. Seit Herbst 1997 gehört sie dem Verein auch, und sowohl das Wanderheim im ehemaligen Försterhaus wie die Tennenstube werden im Rahmen von ehrenamtlichen »Burgdiensten« betreut. Zwei Aussichtsterrassen bieten einen schönen Blick in das Lautertal und auf die Anhöhen hinter Hayingen. Wäre es nicht schön für kleine Ritter oder Burgfräulein, eine Burg nicht nur zu besuchen, sondern dort auch eine Nacht zu verbringen? Auf Burg Derneck kann dieser Traum ohne große Kosten, ohne allzu großes Vorplanen verwirklicht werden. Familien und Kleingruppen können nach telefonischer Anfrage meistens auch kurzfristig ein Nachtquartier erhalten.

Wer nicht übernachtet, braucht jetzt dringend eine Pause und eine Erfrischung. Ein Eis? Unter den vielen guten regionalen Produkten fehlt auch das nicht. Aus hofeigener Rohmilch und hochwertigen Rohstoffen entsteht direkt am Bauernhof der Familie Bachmann in Hayingen-Indelhausen leckeres **»Lautertal-Eis«.**

In Hayingen-Anhausen steht die **Schlossruine Schülzburg.** Sie wurde erst 1605 erbaut und brannte 1884 ab.

Die **Maisenburg,** die rund zwei Kilometer von Hayingen entfernt über dem Lautertal thront, stammt aus dem 12. Jahrhundert und war ursprünglich Sitz des gleichnamigen Herrschergeschlechts. Im 19. Jahrhundert verfiel sie. Geblieben sind eine staufische Schildmauer, Reste eines Steinhauses und ein Gewölbekeller. Die Ruine ist frei zugänglich, am nahen Wanderparkplatz finden sich eine Grillstelle und ein Spielplatz.

Burg Wartstein wurde vermutlich in der ersten Hälfte des 12. Jahrhunderts errichtet. 1495 wurde sie zerstört. Der Bergfried ist begehbar. Hinter der Schildmauer lag auf engstem Raum der Palas. Hangabwärts sind Mauern der Vorburg und der Umfassungsmauern erhalten.

Die **Burg Monsberg,** 1258 erstmals genannt, hatte einen besonders guten Standort: Von drei Seiten war sie durch ihre Lage auf einem Sporn in der Lautertalschlinge geschützt, nach der vierten, zur Hochfläche hin, durch einen Halsgraben. Dennoch wurde sie 1495 niedergebrannt. Geblieben sind Reste der Schildmauer, eines Wohnturms und eines Gewölbekellers.

Die **Ruine St. Ruprecht** gibt bis heute Rätsel auf. Weder weiß man etwas von einem Kloster, das hier gestanden haben soll, noch ist etwas über die Burg und ihre Besitzer bekannt. Dass sie kein Fantasieprodukt ist, davon zeugt allein ihre Existenz, auch wenn die nur aus spärlichen Mauerresten besteht.

Vom renovierten Bergfried der aus dem 12. Jahrhundert stammenden **Burg Reichenstein** hat man einen tollen Blick zurück ins Lautertal. Ein schönes Ende des erlebnisreichen Ausflugs könnte nun noch der abschließende Besuch der Gaststätte in der Laufenmühle sein.

■ **Schloss Grafeneck:** *In Gomadingen-Grafeneck. Zugänglich ist nur die Gedenkstätte. Gedenkstätte Grafeneck e. V., Grafeneck 3, 72532 Gomadingen, Telefon (0 73 85) 96 62 06. Öffnungszeiten: Ganztägig von 9–18 Uhr.*

■ **Ruine Blankenstein:** *Man erreicht die Ruine, wenn man vom Lautertal Richtung Gomadingen-Wasserstetten fährt. Sie ist frei* *zugänglich. Informationen: Telefon (0 73 85) 96 96 33.*

■ **Ruine Buttenhausen:** *In Münsingen-Buttenhausen innerhalb der Friedhofsmauer des Ortsfriedhofs über der Michaelskirche. Frei zugänglich. Informationen: Telefon (0 73 81) 1 82-1 45.*

■ **Ruine Hohenhundersingen:** *In Münsingen-Hundersingen. Frei zugänglich. Informationen: Telefon (0 73 81) 1 82-1 45.*

■ **Ruine Bichishausen:** *In Münsingen-Bichishausen. Frei zugänglich. Informationen: Telefon (0 73 81) 1 82-1 45.*

■ **Ruine Hohengundelfingen:** *In Münsingen-Gundelfingen. Frei zugänglich. Informationen: Telefon (0 73 81) 1 82-1 45.*

■ **Burg Niedergundelfingen:** *In Münsingen-Gundelfingen. Die Burg ist im Privatbesitz und nicht zugänglich.*
→ *www.burg-niedergundelfingen.de*

■ **Burg Derneck:** *Oberhalb des Lautertals zwischen Gundelfingen und Indelhausen gelegen; von Gundelfingen aus kommend liegt der Parkplatz links, danach muss man noch den Berg hinaufsteigen. Frei zugänglich. Burg-Telefon (0 73 86) 2 17; Postanschrift: Burg Derneck, Wanderheim des Schwäbischen Albvereins, 72534 Hayingen-Münzdorf; Anschrift für Anmeldungen: Erika Heiss, Sondelfingen, Fuchshaldeweg 3, 72766 Reutlingen, Telefon (0 71 21) 1 68 83 98. Öffnungszeiten des Wanderheims: 15. März bis 1. Mai an Wochenenden und Feiertagen; 1. Mai bis 5. November täglich.*

■ **Lautertal-Eis:** *Hof der Familie Bachmann, Mühlstraße 1, 72534 Hayingen-Indelhausen, Telefon (0 73 86) 14 61.*

■ **Schlossruine Schülzburg:** *In Hayingen-Anhausen. Nicht zugänglich. Informationen: Telefon (0 73 86) 97 77-23.*

■ **Ruine Maisenburg:** *Kurz hinter Anhausen rechts über dem Lautertal. Frei zugänglich. Informationen: Telefon (0 73 86) 97 77-23.*

■ **Ruine Wartstein:** *Zwischen Hayingen-Anhausen und Unterwilzingen links über Lautertal. Frei zugänglich. Informationen: Telefon (0 73 86) 97 77-23.*

■ **Ruine Monsberg:** *Nahe Wartstein zwischen Hayingen-Anhausen und Unterwilzingen links über dem Lautertal. Frei zugänglich. Informationen: Telefon (0 73 86) 97 77-23.*

■ **Ruine Reichenstein:** *In Lauterach-Reichenstein. In den Sommermonaten frei zugänglich. Informationen: Telefon (0 73 75) 2 27.*

Ein Tag am Fluss

Lauterquelle – »Info-Teich« – Kanu fahren – Wassererlebnisplatz Buttenhausen

Eigentlich ist Wasser auf der Alb ja »Mangelware«. Im Lautertal aber ist so reichlich davon vorhanden, dass Kinder einen ganzen langen heißen Sommertag im und am kühlen Nass der Lauter zubringen können.

In Offenhausen ist heute eine Zweigstelle des Haupt- und Landgestüts Marbach (siehe Ausflug 22). Ursprünglich aber war die Anlage ein Kloster. Und dort, im ehemaligen Klosterhof, kann man nicht nur Pferde sehen und das Gestütsmuseum besuchen, man findet hier auch die **Lauterquelle**. Von hier bis zu ihrer Mündung in die Donau hat sie sich ihren Weg durch das Kalkgestein der Alb gegraben, ehe sie nach 44 Kilometern, knapp zwei Kilometer unterhalb von Lauterach, in die Donau mündet.

Auf dem Weg zur Kanumietstation, die wir ansteuern, kommt man zunächst nach Gomadingen. In seiner Ortsmitte gibt es den Regionalladen »Albheimisches« mit regionalen Produkten von der Schwäbischen Alb (siehe auch Ausflug 9). Gleich hinter dem Rathaus, am Radweg Richtung Marbach lädt der **»Info-Teich«** (siehe Ausflug 10) zum Spielen und Plantschen ein.

Im Kanu unterwegs

Mit dem Kanu unterwegs zu sein, macht viel Spaß – aber es muss auch gelernt sein. Der Größere sitzt hinten und alles, was nicht nass werden darf, sollte sicherheitshalber im Auto gelassen oder in wasserdichte Plastiktonnen verpackt werden, die man beim Kanuverleiher bekommt. Das Boot ist, soweit es die Strö-

mung zulässt, in der Flussmitte zu halten. Die Uferbereiche und Flachwasserzonen sind nämlich sensible Lebensbereiche von Vögeln und Kleintieren. Wer ruhig, ohne viel Geschrei übers Wasser dahingleitet, wird unterwegs auch viel sehen. Nur an den gekennzeichneten Plätzen darf angelegt und das Boot verlassen werden.

Im Auto geht es dann weiter bis Buttenhausen, wo wir **Kanu fahren.** Im Programm des Kanuverleihers sind drei verschiedene Touren mit jeweils verschiedenen Schwierigkeitsgraden. Tour 1 führt von Buttenhausen bis Bichishausen und ist ganz besonders für Familien mit Kindern geeignet. Die Lauter fließt hier sehr ruhig. Trotzdem sor-

gen zwei kleine Stufen dafür, dass Abenteuerstimmung aufkommt. Als Zeitbedarf können circa eineinhalb Stunden veranschlagt werden. Die Ausrüstung wird am Ziel zurückgegeben. Diese Tour kann jeweils einschließlich von Juli bis September gefahren werden, jedoch immer nur unter der Woche von Montag bis Freitag. Auch die etwas längere

- **Auch für eine Badepause beim Radfahren oder Wandern eignet sich die Lauter im Sommer.**

Tour 2 ist, wie alle Touren, nur unter der Woche zu buchen. Sie führt von Buttenhausen nicht nur weiter, nämlich an der Verleih-Station vorbei bis Gundelfingen, sondern stellt auch höhere Ansprüche an die Bootsbesatzung. Dieser Streckenabschnitt beinhaltet enge Kurven und sogar einige kleine Stromschnellen. Die Tour dauert etwa zwei Stunden. Danach gibt man die Ausrüstung ab und wird in Shuttle-Bussen zurück zur Kanustation gefahren. Tour 3 führt als längste Tour von Buttenhausen bis hinunter nach Indelhausen. Allerdings ist diese Strecke nur bedingt für Kinder geeignet. Für Jugendliche aber ist sie als richtiges Abenteuer durchaus interessant. Das Boot muss um zwei Wehre getragen werden. Der Abschnitt zwischen Gundelfingen und Wittsteig ist je nach Wasserstand schwierig bis schwer. Kleine Katarakte, enge Kurven und überhängende Äste können eine echte Herausforderung sein. Je nach Können und Verhältnissen kann die Tour daher bis zu fünf Stunden in Anspruch nehmen.

Die Lauter lädt ein zu Kanutouren für die ganze Familie.

An sonnigen Tagen lockt vielleicht noch ein Bad in der Lauter. In Richtung Lautertalschule in Buttenhausen gibt es aber auch noch einen **Wassererlebnisplatz** mit einem »Uferbereich zum Anfassen«.

Gestütshof und -museum Offenhausen: *Mitten im Gomadinger Ortsteil Offenhausen gelegen. Öffnungszeiten: Dienstags bis freitags 14–17 Uhr, samstags 13–17 Uhr, sonn- und feiertags 10–12 und 13–17 Uhr (während der Wintermonate geschlossen), Telefon (0 73 85) 8 84.*

→ *www.gomadingen.de*
→ *www.gestuet-marbach.de*

Kanutouren auf der Lauter: *Volker Schmack, Langes Tal 5, 72525 Münsingen, Telefon (0 73 83) 4 08. Saison: 1. Juli bis 30. September montags bis freitags 9–18 Uhr, ab Oktober auch an Wochenenden. Für Einzelpersonen ist keine Anmeldung notwendig. Ausgangsort ist die Kanustation Bichishausen/ Bootshaus. Von dort erfolgt der Personen- und Bootstransfer. Auf Wunsch Abholung vom Bahnhof in Münsingen möglich.*

→ *www.kanutouren.com*

Wohnen à la Eiszeit

Hohler Fels – Stadtmuseum – Schelklingen – Schlossberg – Kapelle St. Afra

Ein Fels, der steil aus dem Wald aufragt und sich im Wasser der Ach spiegelt, steht für Wohnen à la Eiszeit. Im Stadtmuseum von Schelklingen sieht man interessante Funde aus dieser eiszeitlichen Wohnstätte. Zugleich bildet die Stadt den östlichsten Zipfel des Biosphärenreservats.

Weiß und imposant ragt ein Felsklotz nordöstlich der Stadt Schelklingen im Achtal aus dem Wald auf. Dieser Fels bildet die Eingangshalle und war namensgebend für die Höhle **Hohler Fels**. Sie ist 120 Meter lang und bis zu 23 Meter hoch. Mit rund 500 Quadratmetern und einem Rauminhalt von 6000 Kubikmetern ist sie eine der größten Höhlenhallen auf der Schwäbischen Alb. Ihr Boden steigt im Innern an. Das ist wichtig, denn Höhlen werden nach der Temperatur, die in ihnen herrscht, unterschieden. Steigt die Höhle nach dem Eingang an, ist die Luft in ihr, vor allem im Winter, relativ warm. Diese Art Höhlen nennt man »Backofenhöhlen« (im Gegensatz zum Typ »Eiskeller«). Das spielte für ihren einstigen Wohnkomfort eine große Rolle. Der Hohle Fels gilt als eine der interessantesten archäologischen Fundstätten Süddeutschlands. Mehrere Grabungen erbrachten reiche Funde. So viele, dass die Teilnehmer einer Tagung

Der Hohle Fels ist eine der größten Höhlenhallen auf der Schwäbischen Alb.

des Anthropologischen Vereins, die 1872 in der Höhle abgehalten wurde, damals sogar einen Teil der Funde als Souvenir mit nach Hause nehmen durften. Man fand Knochen von Höhlenbären, Mammuts, Rentieren und Wildpferden. Besonders interessant war die Entdeckung rund 35 000 Jahre alter Steinwerkzeuge und Schmuckstücke aus Knochen und Zähnen, unter anderem ein Pferdeköpfchen aus Elfenbein, einen Wasservogel mit angelegten Flügeln und als Krönung eine dem

Löwenmenschen vom Hohenstein-Stadel ähnelnde Plastik. Alles stammt aus einer Zeit, in der sich Neandertaler und die Vorfahren des modernen Menschen begegneten. Vermutlich wartet noch heute vieles auf seine Entdeckung, weil auf Grund der schwierigen Grabungsbedingungen in den wasserführenden Schichten bislang keine weitere Erforschung der Höhle vorgenommen wurde.

Eines jedenfalls ist sicher: Der Hohle Fels ist die einzige Schauhöhle auf der Schwäbischen Alb, die von eiszeitlichen Menschen definitiv immer wieder besiedelt war. Das belegen reiche Funde, die im **Stadtmuseum** im Alten Spital in Schelklingen zu sehen sind.

Die Venus vom Hohlen Fels
Zu den Funden, die im Hohlen Fels ausgegraben wurden, gehört eine echte Weltsensation: die »Venus vom Hohlen Fels«. Sie gilt als die derzeit älteste Wiedergabe eines Menschen und zugleich weltweit als eines der ältesten Beispiele für figürliche Kunst. Sie ist aus Elfenbein, rund sechs Zentimeter groß, kopflos, aber ansonsten sehr detailliert gearbeitet und vor rund 40 000 Jahren als Anhänger getragen worden. Art und Alter stellen eine archäologische Sensation dar, weil nach diesem Fund die Menschdarstellung um rund 10 000 bis 15 000 Jahre früher, als bisher vermutet, angesetzt werden muss.

Schelklingen selbst hat mehrere Gesichter. Im Nordosten ragen kolossale Industriebauten auf, ein wahres »Manhattan des Zements«. Ganz anders, wenn man von Urspring nach Schelklingen kommt. Schwenkt der Blick dann von links nach rechts, ragt zuerst der **Schlossberg** mit dem Schlossturm heraus, dem letzten und einzigen Überrest der ehemaligen Burg Schelklingen. Der Abhang hinunter zur Stadt ist von Felsen durchsetzt, und auf den Wiesen zwischen Urspring und der Stadt weiden Schafe auf den Wiesen. Das Bild strahlt geruhsame, fast dörfliche Idylle aus.

Wer nach einem Besuch des Hohlen Fels und des Stadtmuseums noch einen kleinen Rundgang durch die Stadt machen möchte, darf nicht versäumen, die in der Nähe des Bahnhofs gelegene schön ausgemalte, aus dem 14. Jahrhundert stammende **Kapelle St. Afra** zu besuchen. Sie gehört zu den ältesten Kirchengebäuden in Baden-Württemberg. In der von außen schmucklosen Kapelle vermutet keiner so leicht den größten erhalten hochgotischen Fresken-Zyklus Schwabens.

■ **Hohler Fels:** *Schelklingen ist mit der Bahn erreichbar. Kommt man mit dem Auto, folgt man in Schelklingen dem Schild »Schwimmbad«, parkt und erreicht die Höhle in*

Nur sonntags und mit Führung ist der Hohle Fels zugänglich.

zehnminütigem Fußmarsch über einen geteerten Weg. Öffnungszeiten: 1. Mai bis 31. Oktober (bei schönem Wetter) sonntags 14–17 Uhr. Führungsdauer: 30 Minuten. Jährlich gibt es hier wie in der nicht weit entfernten Höhle Geißenklösterle ein Höhlenfest, oft zum »Tag des offenen Denkmals«, meist mit Begleitprogramm.
➜ *www.museum-schelklingen.de*

■ **Stadtmuseum:** *Mit Alt- und Frühgeschichtlicher Abteilung, Spitalgasse 6, 89601 Schelklingen, Telefon (0 73 94) 28 76. Öffnungszeiten: Sonn- und feiertags 10–12 und 14–16 Uhr.*
➜ *www.museum-schelklingen.de*

■ **Schlossberg:** *Der Schlossturm ist im Sommer sonntagnachmittags geöffnet.*

■ **Schelklingen:** *Rathaus, Marktplatz 15, 89601 Schelklingen, Telefon (0 73 94) 24 80.*
➜ *www.schelklingen.de.*

Wo Kätheres Kuche qualmte

Brieltal – Höhle »Käthere Kuche« – Schunters Höhle – Ehingen – Erlebnisfreibad Ehingen

Nicht etwa zur Steinzeit, sondern Ende des 18. Jahrhunderts sollen Menschen in den beiden »wilden« Höhlen »Käthere Kuche« und Schunters Höhle gelebt haben. Die Höhle »Käthere Kuche« lässt sich auf einem kurzen, aber reizvollen Rundweg erwandern, ehe man den restlichen Teil eines schönen Sommernachmittags im Ehinger Waldfreibad verträumt.

Ein lohnendes Ziel in diesem abgelegenen Teil der Schwäbischen Alb, der südöstlichen Grenze des UNESCO-Biosphärenreservats, ist der kleine Ort Briel, der zu Ehingen (Donau) gehört. Das **Brieltal**, in dem auch die Höhle »Käthere Kuche« zu finden ist, glänzt mit einer abwechslungsreichen Landschaft, mit Wacholdern und etlichen Felsen. Im Brieltal gibt es außerdem Buschwindröschen, Lerchensporn und Märzenbecher ebenso wie den recht seltenen Pilz »Zinnoberroter Kelchbecher«. Um ins Brieltal zu gelangen, geht man fast am Ortsende von Briel mit der liegenden blauen Gabel als Markierung den Weg durch einen Bauernhof hindurch.

Im Tal angekommen liegt die **Höhle »Käthere Kuche«** am linken Hang und ist über Betonstufen mit Geländer zugänglich. Zurück gelangt man über den Fernwanderweg »Schwäbische Alb-Oberschwaben HW 7«. Dazu wendet man sich zurück zum durch die Heide herunterführenden Weg, dann sieht man den HW 7 bergauf ausgeschildert.

- **Die wegen ihrer abenteuerlichen Geschichte interessante Höhle »Käthere Kuche« ist über eine kurze, aber reizvolle Rundwanderung erreichbar.**

D' Käther kochet

In der sieben Meter langen Höhle »Käthere Kuche« lebte (nach Angaben des Pfarramtsbezirks) einst die ledige Katharina Schunter bis zu ihrem Tod 1828 mit 44 Jahren. Es heißt, wenn aus der Höhle Rauch aufstieg, sagten die Leute in der Umgebung damals: »D' Käther kochet«. Ihren Lebensunterhalt verdiente sie teils durch Mithilfe bei Bauern, kleinen Diebstählen auf den Märkten und einem kleinen Handel mit Kräutern und Gewürzen. Eine Hexe sei Katharina, die schwäbisch kurz »Käther« genannt wurde, nicht gewesen, heißt es in den Überlieferungen ausdrücklich. Trotzdem beruft sich eine Ehinger Faschingszunft heute auf sie und hat sie dabei ungerechterweise als (Kräuter-)Hexe stilisiert: Im Festzug führen die »Wilden Weiber« der Narrenzunft »Spritzenmuck« einen Wagen mit der Nachbildung einer Höhle mit sich, in die sie immer wieder Zuschauer des Festzugs kurzzeitig einsperren. Und das mit dem Ruf »Käthere Kuche!«

Die Eltern Katharinas sollen ebenfalls in einer Höhle gewohnt haben, in der im Brauntal gelegenen **Schunters Höhle**. Diese war Vater Schunter von »Amts wegen« zugeteilt worden, weil die Familie bettelarm und obdachlos war. Im Gegenzug sollte er nachts auf den neu angelegten Kartoffeläckern Feuer machen, um die Wildschweine abzuschrecken. Zur Schunters Höhle eigens zu wandern lohnt nicht. Wer sie durch ihre Geschichte neugierig geworden gerne sehen will, erreicht

sie bequem über kleine romantische und dennoch offizielle Sträßchen mit dem Auto.

Das nahe **Ehingen (Donau)** außerhalb des Biosphärengebiets hat eine überschaubare, aber reizvolle Innenstadt. Die im 13. Jahrhundert gegründete Stadt kam 1343 an Österreich und wurde Tagungsort der schwäbisch-österreichischen Stände. 1806 ging Ehingen an Württemberg. Die Hauptsehenswürdigkeit der Stadt heute ist die Herz-Jesu-Kirche. Dieses Gotteshaus gilt als eines der schönsten Bauten des süddeutschen Barock. Am Kirchweihsamstag (im September) ertönt nach dem 12-Uhr-Läuten lautes »Hutzla ra!« Dann

Ein Teil des Wegs zur »Käthere Kuche« führt durch eine Heidelandschaft.

werden »Hutzla« (schwäbisch für Dörrobst), Wecken, Würste und Süßigkeiten vom Turm der Stadtkirche geworfen und von Kindern aufgesammelt. Dazwischen wird aber immer wieder auch ein Eimer voll Wasser hinuntergeschüttet, aber das erhöht den Spaß auf beiden Seiten ... Wer auf seinem Ausflug sonst an einem Samstagmorgen in die Stadt kommt, muss seinen Proviant zwar kaufen, kann sich aber immerhin auf einem bunten Bauernmarkt mit Vorräten für den Tag eindecken. Für das »Informationszentrum UNESCO-Biosphärenreservat Ehingen« soll 2010 ein kleiner Neubau in Ehingen-Dächingen gebaut werden. Dächingen als ehemaliger Wallfahrtsort ist besonders gut als Standort geeignet, weil das Vertiefungsthema dieses Informationszentrums die Spiritualität sein soll. Im Zuge dieser Überlegungen ist geplant, einen neuen, 80 Kilometer langen »Besinnungsweg« für Wanderer und Radfahrer anzulegen. Er soll auf verschiedenen Abschnitten durch Natur, Kunst, Religion, Ethik und Philosophie zum Nachdenken, »Entschleunigen« und Fragen stellen anregen.

Bis es so weit ist, kann auch das **Erlebnisfreibad Ehingen** für einen entspannten und dennoch erlebnisreichen Ausklang des Ausflugs sorgen. Schließlich wurde es vor einigen Jahren zum schönsten Freibad im Alb-Donau-Kreis gekürt. Sein Wasser wird mit Sonnenenergie auf 24 Grad Celsius erwärmt. Eine der Attraktion des Bads ist für Familien der große »Kinder-Fun-Bereich« mit Matschlandschaft. Viel Spaß versprechen auch die anderen Spielmöglichkeiten im und am Wasser wie die 55 Meter lange Riesenrutsche, die Sprungtürme oder das Beachvolleyball-Feld.

■ **Höhle »Käthere Kuche«:** *Ausgangspunkt der Wanderung zur »Käthere Kuche«: Am Ortsende von Briel (Haus 46) mit der liegenden blauen Gabel als Zeichen mitten durch einen Bauernhof. Länge der Wanderung: 2,5 Kilometer.*

■ **Schunters Höhle:** *Anfahrt zur Schunters Höhle: Man fährt zunächst nach Weilersteußlingen und dort die »Ehinger Gasse« hinunter. Wie ein Waldweg wirkt die alte Straße! An der Gabelung bleibt man rechts und erreicht nach circa zwei Kilometern ab Weilersteußlingen den kaum als Höhle kenntlichen unscheinbaren Felsüberhang.*

■ **Ehingen (Donau): Informationen zur Stadt bei der Tourist-Info,** *Marktplatz 1, 89584 Ehingen, Telefon (0 73 91) 503-216.*
➜ *www.ehingen.de*

■ **Erlebnisfreibad Ehingen:** *Öffnungszeiten: Mai bis August 9–20 Uhr, September 9–17 Uhr.*
➜ *www.ehingen.de/freibad*

Im Tal der Schmetterlinge

Naturschutzgebiet Digelfeld – Glastal – Glashöhle – Hasenbach – Ruine Alt-Ehrenfels – Schweiftal – PhänoPfad Pfronstetten – Schäferei Fauser

Eigentlich gehört die Geschichte des Glasmännleins in Hauffs Märchen »Das kalte Herz« und damit in den Nordschwarzwald. Aber vielleicht wollte es ja selbst einmal Urlaub machen. Wie auch immer: Die Wanderung durch das romantische Glastal und seine Umgebung steckt voller Überraschungen und hat einiges zu bieten.

Diese Rundwanderung führt durch eine der schönsten Wacholderheiden der Schwäbischen Alb und durch das romantische Glastal. Vom Wanderparkplatz »Digelfeld« führt der links abzweigende Weg, markiert mit der 1 (rechte Variante), mitten ins **Naturschutzgebiet Digelfeld**. Das Digelfeld ist eine der sehenswertesten Wacholderheiden der Schwäbischen Alb, auf der viele seltene Pflanzen, darunter Orchideen, wachsen. Wo der bisherige Weg nach rechts hinauf abzweigt, verlässt man ihn und geht stattdessen geradeaus. Auf dem eher schmalen Pfad ist in wenigen Minuten der Parkplatz »Hayinger Brücke« erreicht, an dem sich auch eine Schutzhütte, Tische, Bänke und ein Grillplatz finden. Ab hier begleitet die Wanderung als Markierung ein rotes Dreieck.

Nun tritt man ins **Glastal** ein. Das Glastal ist benannt nach einer Glashütte, die sich früher gegenüber dem Lämmerstein befunden hat. Aus der Luft sieht man, wie tief das Tal in das Waldgebiet eingeschnitten ist. Wohl auch deshalb hatte sein oberer Abschnitt, ein Trockental, immer Bedeutung als Nord-Süd-Verbindung, als Marktweg, ganz früher wohl sogar als Heerstraße.

Im Sommer wimmelt es im Glastal nur so von Schmetterlingen.

Heute ist es einfach ein reizvolles Wanderziel, das viel Abwechslung bietet. Im Sommer wirkt es licht und ist Heimat von vielen Schmetterlingen, im Frühherbst wirkt es eher wie ein grüner Dschungel.

Bergab führt der Weg zu zwei »wilden« Höhlen: der Bären- und der **Glashöhle**. Die Bärenhöhle scheint größer, doch gerade die Glashöhle war ein steinzeitlicher Siedlungsplatz. Nachdem die Glashöhle passiert ist, durchwandert man den spektakulärsten Abschnitt des Glastals. Unter den hohen Felswänden zieht der mit einem Kreuz gekrönte Lämmerstein die meiste Aufmerksamkeit auf sich.

Hier entspringt am Fuße eines anderen hohen Felsens die Karstquelle des **Hasenbachs**. Sie schüttet so stark, dass sie nahezu umgehend einen glasklaren Bach bildet, den man gleich darauf erstmals über eine kleine Brücke quert. Seinem Lauf folgt man, quert ihn dabei noch mehrmals. Immer wieder schön ist der Blick in seine oft tiefen, manchmal halb unter Felsen verborgenen Gumpen. Wer genau hinsieht, kann Forellen entdecken, die sich gerne unter den Überhängen verstecken. Mit etwas Glück lassen sich im Glastal auch seltene Vögel wie Wasseramseln, Bergdohlen oder sogar die scheuen blaugefiederten Eisvögel beobachten. Der Eisvogel ist nämlich ein Höhlenbrüter, der seine Nisthöhle in Uferböschungen gräbt.

Die **Ruine Alt-Ehrenfels** ist eine Burg, von deren Wehranlagen heute

nur noch spärliche Mauerreste übrig sind. Sie wurde Mitte des 13. Jahrhunderts von den Herren von Ehrenfels bewohnt, die vermutlich im Dienst der Hohengundelfinger standen. Über mehrere Besitzer gelangte die Burg schließlich an das Kloster Zwiefalten und wurde bald aufgegeben. Da sie nun als Schlupfwinkel für Räuber und Wegelagerer diente, wurde sie 1516 auf Anordnung des Abts von Zwiefalten zerstört. Man muss nicht zurück, sondern setzt den Weg rechts von den Mauerresten fort und erreicht so auch wieder den Weg durchs Schweiftal. Er führt, mit einem roten, liegenden Ypsilon markiert, nochmals ein Stück weit zwischen Felsformationen. Digelfeld und Lämmerstein sind hier noch gemeinsam ausgeschildert. Erst später trennen sie sich. Wer mag, kann ganz zurück zum Läm-

Das Naturschutzgebiet Digelfeld ist die Heimat einer der schönsten Wacholderheiden der Schwäbischen Alb.

merstein gehen und zum Abschluss von oben herab hinunter auf das Glastal und den zurückgelegten Weg schauen. Doch sind für diesen Abstecher drei Kilometer zusätzlich zu veranschlagen. Alle, die den Abstecher nicht gehen, biegen rechts in einen Feldweg ein, der in einem sanften Linksbogen entlang von Heide und Äckern zurück zum Wanderparkplatz führt.

Die Wanderung ist zwar erlebnisreich, aber weder anstrengend noch besonders lang. Wer mag, kann sie deshalb ab Schloss Ehrenfels erweitern bis hin zur Friedrichshöhle oder gar noch weiter, bis hinein nach Zwiefalten (beides siehe Ausflug 29). Alternativ kann eine Familie zusätzlich einen nur wenige Kilometer westlich, im Lehrtal bei Pfronstetten angelegten Lehrpfad **PhänoPfad Pfronstetten** besuchen. An 18 Stationen können dort Besonderheiten in Wald und Natur durch Experimente aktiv erlebt werden.

Am Ende des Pfads kann zudem noch die **Schäferei Fauser** besichtigt werden. Pfronstetten selbst gehört nicht ins UNESCO-Biosphärenreservat, sein außergewöhnlicher Lehrpfad lohnt dennoch einen Abstecher.

■ **Wanderung:** *Ausgangspunkt ist der Wanderparkplatz »Digelfeld«, rund einen Kilometer nach Hayingen an der Straße nach Pfronstetten. Länge der Wanderung: Rund 4 Kilometer.*

■ **An manchen Stellen ist das Glastal ein grüner Dschungel, den es zu erobern gilt.**

■ **PhänoPfad Pfronstetten:** *Lage zwischen Pfronstetten und Aichelau, Ausgangspunkt ist die Aichelauer Brücke; zugänglich Ende April bis 1. November. Gemeinde Pfronstetten, Hauptstraße 25, 72539 Pfronstetten, Telefon (0 73 88) 9 99 40. Länge: 1,7 Kilometer.*
➜ *www.pfronstetten.de*

■ **Schäferei Fauser:** *Besichtigung nach Vereinbarung, Telefon 0 73 88) 12 81.*
➜ *www.schaeferei-fauser.de*

Im Kahn in die Höhle

Wimsener Höhle – Wasserspielplatz – Infozentrum »Wimsener Mühle« – Klosterkirche Zwiefalten – Infozentrum »Peterstor«

Die Friedrichshöhle ist unter dem Namen »Wimsener Höhle« weitaus bekannter. Besichtigen kann man sie nur von einem Kahn aus. Es ist nämlich eine Wasserhöhle. Gerade das aber macht sie so reizvoll für einen Familienausflug. Wer die schöne barocke Klosterkirche im nahen Zwiefalten noch nicht kennt, kann die Gelegenheit nutzen, auch die zu besichtigen.

Unser Ausflug beginnt bei der **Wimsener Höhle.** Etwa 70 Meter kann man sich mit einem Boot in die insgesamt 723 Meter lange Höhle hineinfahren lassen. Der Name Friedrichshöhle rührt von einem Besuch des Kurfürsten Friedrich von Württemberg im Jahr 1803 her. Die Wimsener oder Friedrichshöhle gehört zu den am frühesten urkundlich genannten Höhlen der Schwäbischen Alb. Die erste bekannte Erwähnung datiert von 1447 und erzählt vom Fluss, »der aus dem Hölnstein gat« (= der aus dem Höhlenstein geht). Zugleich zeigt das bereits sehr anschaulich die Entstehung der Wimsener Höhle, wie die der Albhöhlen im Allgemeinen. Sie entstanden, als der Karstwasserspiegel noch viel höher war und chemische Prozesse am Kalk und die mechanische Erosion der Wasserstrudel ihren Teil beitrugen. Heute ist der Karstwasserspiegel gesunken, das Wasser in der Höhle teilweise abgeflossen, weshalb sie nun auf einer Teilstrecke mit einem Kahn befahren werden kann. Eines Tages wird auch diese Höhle ganz trockenfallen. Das Wasser, durch das das Boot sanft gleitet, fließt mit 40 bis 80 Meter pro Stunde, die Quellschüttung beträgt 150 bis 200 Liter pro Sekunde.

Zwiefalten ist der südlichste Punkt des Biosphärengebiets, seine Klosterkirche darin eines der sehenswertesten und meistbesuchten Ziele.

Die Sage von der Nymphe

Um die Höhle rankt sich eine Sage. Sie erzählt von einer Nymphe, die tief in der Höhle in einem versteckt liegenden See leben soll. Manchmal steige sie herauf, um mit Zwergen auf dem Wasser zu tanzen. Zudem halte ein Fährmann die Verbindung zwischen den hier im Verborgenen Lebenden und der Welt der Menschen. So lange, bis ihnen die Menschen nachspionieren und die Nymphe aufs Neue zur Einsamkeit in ihrem See verbannt wird.

Tatsächlich wurde inzwischen ein See in der Höhle entdeckt und mit dem Namen »Ehrenfelser See« bedacht. Doch er liegt zu weit hinten in der Höhle, als dass man zu ihm vordringen könnte. Trotzdem hat man an sein Ufer eine Skulptur gestellt, die die Nymphe darstellt.

Zwischen Höhle und der ehemaligen Mühle gibt es für Kinder einen kleinen, aber feinen **Wasserspielplatz.** Direkt beim Höhleneingang gibt es einen Selbstversorgerbereich, einen Kiosk mit familienfreundlichem Angebot, darunter Wickeltisch und Kinderstühle und den schönen Gasthof »Friedrichshöhle«.

Um die bei der Höhle gelegene **Wimsener Mühle** restaurieren und erhalten zu können, war schon lange nach einer Einkünfte bringenden Funktion für sie gesucht worden. Nun ist sie gelegentlich Restaurant, aber zugleich auch Infozentrum des Biosphärengebiets mit zwei Dauerausstellungen: einer »Dokumentation zu den Wimsener Mühlen und ihren Besitzern« und einer »Dokumentation zur Friedrichshöhle«. Die Biosphärengebiets-Vertiefungsthemen für dieses Infozentrum sind Wasserkraft, Wasserbewirtschaftung und Mühlenbewirtschaftung. Abgesehen davon bietet die Mühle eine Fülle an kulturellen Veranstaltungen, die von Konzerten, Lesungen, Kunstausstellungen bis Theater und Ballett reichen.

Nur fünf Kilometer zu Fuß, immer der Ach entlang, liegt die **Klosterkirche Zwiefalten**. Wer die schöne Barockkirche noch nicht kennt, sollte den Abstecher dorthin nicht versäumen. Das Auto kann am Parkplatz bei der Höhle stehen bleiben, denn dieser Abstecher kann gut per Rad oder zu Fuß erfolgen. Verlaufen bzw. verfahren kann sich hier niemand. Ein Ort namens »Zvifaltun« wird 904 erstmals in einer Urkunde erwähnt. Laut ihr wurde 1089 ein Kloster gestiftet, das von Hirsauer Mönchen bewirtschaftet wurde. Durch einen großen und reichen Besitz, der sich von hier aus über weite Gebiete erstreckte, erlebte es eine erste frühe Blütezeit. Eine zweite brachte die Barockzeit. Zuerst wurde die Klosteranlage neu gebaut, ehe 1744 die Grundsteinlegung zu der wunderschönen Abteikirche, als die sie sich heute präsentiert, gelegt wurde. In 21 Jahren entstand bis 1765 ein unvergleichliches Gesamtkunstwerk aus Architektur, Malerei, Skulptur und Stuck: ein Juwel des oberschwäbischen Barock. Das Kloster selbst wurde 1803 säkularisiert, ist heute psychiatrisches Landeskrankenhaus. Die prächtige Klosterkirche aber ist nach wie vor ein mehr als sehenswertes Ziel, eines der meistbesuchten im Biosphärengebiet.

Die Wimsener oder Friedrichshöhle lässt sich nur von einem Kahn aus erkunden.

Im Torhaus des ehemaligen Klosters, dem **Petertor,** sind das »Lädele« untergebracht – ein Souvenirgeschäft, dessen Angebot an Handwerklichem aus der Klinik und regionalen Produkten weit über das sonst Übliche hinausragt – und die Tourist-Information Zwiefalten. Sie ist mit den Vertiefungsthemen Geschichte, (sakrale) Baugeschichte und Religion zugleich Infozentrum für das Biosphärengebiet.

■ **Wimsener Höhle:** *Anreise von Reutlingen aus auf der Bundesstraße B 312 nach Zwiefalten, dann Richtung Hayingen. Von dort aus ist die Wimsener Höhle ausgeschildert. »Naturerlebnis Wimsener Höhle mit historischem Gasthof Friedrichshöhle«, Wimsen 1, 72534 Hayingen-Wimsen, Telefon (0 73 73) 91 52 60. Öffnungszeiten der Höhle: April bis Oktober täglich 10–19 Uhr.*
➜ *www.wimsen.de.*

■ **Wimsener Mühle:** *Wimsen 1, 72534 Hayingen, Telefon (0 73 86) 9 77 70.*
➜ *www.wimsen-kulturmuehle.de.*

■ **Infozentrum Peterstor:** *Marktplatz 3, 88529 Zwiefalten, Telefon (0 73 73) 2 05 20, Öffnungszeiten: Mai bis Oktober.*

■ **Zwiefalten:** *Gemeinde Zwiefalten, Marktplatz 3, 88529 Zwiefalten, Telefon (0 73 73) 205-0.*
➜ *www.zwiefalten.de*

Biosphärengebiet Schwäbische Alb Winter

Es schneielet, es beielet

Eishalle Reutlingen – Skilift in Beuren, Holzelfingen, Schopfloch – Hundeschlittenfahrten in Bad Urach – Skilift in Upfingen – Schneeschuhtouren in Münsingen – Skilifte in Römerstein – Rodelbahnen und Skilifte in Westerheim

Gerade auch der Winter ist eine schöne Jahreszeit, um die Schwäbische Alb zu erleben. Nicht selten ist dann das Wetter auf der Albhochfläche sonniger als in den neblig-trüben Tälern des Albvorlands, wenngleich meist auch kälter. Für Wintersport-Fans gibt es hier reichlich Möglichkeiten sich auszutoben. Hier eine Auswahl.

Eislaufspaß für die ganze Familie ist in Reutlingen in der **Eishalle Reutlingen möglich,** jedes Jahr von Oktober bis März.

Der **Beurener Skilift** »Bleiche« ist besonders geeignet für Kinder. Die Abfahrt ist nur 300 Meter lag, dafür gibt es eine bewirtschaftete Skihütte direkt an der Piste. Ideal für die kleinen Ski-Anfänger.

Anspruchsvollere Skipisten gibt es in Lichtenstein-Holzelfingen, das sich im Winter **»Wintersportarena Holzelfingen«** nennt. Die Skilifte »Salach« und »Heubach« gibt es schon seit gut 30 Jahren. 2007 jedoch erfolgte der Zusammenschluss zum ersten und einzigen zusammenhängenden Skigebiet auf der Schwäbischen Alb. Vier Schlepplifte bringen Skifahrer nun immer wieder zu den Ausgangspunkten der sechs verschiedenen Abfahrten mit optimal präparierten Pisten. Die längste Abfahrt misst 750 Meter Länge. Die 2,5 Kilometer Pisten-Gesamtlänge beinhalten einen Fun-Park, Familienabfahrten, Steil- und Anfängerpisten. Auch wer nicht Ski fährt, kommt auf seine Kosten. Dafür sorgen die eigens präparierte Rodelpiste und die Snow-Tubing-Bahn. Snow-Tubes – bunte, dicke, aufgeblasene Reifen – können an der Kasse der Herz'l-Alm ausgeliehen werden. Mit ihnen hat man ein besonders rasantes Fahrerlebnis. Die kanalähnliche, kurvenreiche Bahn dafür ist in den eigens präparierten Hang so eingearbeitet, dass sie schon bei geringer Schneeauflage zu befahren ist. Und wer weder Ski fahren noch rodeln mag, findet sein winterliches Vergnügen bei einer der schönen Winterwanderungen im Schnee, für die es hier ebenfalls die verschiedensten Möglichkeiten gibt. Zur Gemeinde Lichtenstein gehört auch der Skilift »Traifelberg« mit einer 350 Meter langen Abfahrt. Auch hier gibt es Flutlicht und es werden Skikurse angeboten.

Das **Skizentrum »Pfulb« in Lenningen-Schopfloch** wartet mit zwei je 1000 Meter langen Abfahrten auf. Beide sind bei Dunkelheit mit Flutlicht beleuchtet, es werden Skikurse angeboten. Für kleinere Kinder eignet sich die 300 Meter lange Abfahrt des nicht weit entfernten Skilifts »Mönchberg« (Ochsenwang).

Nicht nur im Winter, sondern je nach Witterung auch im Frühjahr oder Herbst sind **Hundeschlittenfahrten in Bad Urach** möglich, die jeweils zwei bis drei Stunden dauern.

St. Johann-Upfingen eignet sich besonders gut für einen winterlichen Familienausflug: Hier findet Familie den **Upfinger Skilift** »Beiwald« mit Snowboardpiste und separatem Rodelhang.

Schneeschuhtouren in Münsingen heißt wandern durch unberührte Natur in stiller Winterlandschaft. Sportliche Höchstleistungen werden nicht angestrebt oder verlangt. Warme Kleidung und Wanderschuhe genügen, Schneeschuhe, Gamaschen und Stöcke werden gestellt. Außerdem gibt es drei Skilifte in Münsingen mit 300 bis 500 Meter langen Abfahrten, auch bei Flutlicht.

In den Ortsteilen Zainingen und Donnstetten gibt es in der Gemeinde **Römerstein Lifte** mit jeweils 400 Meter langen Abfahrten. Beide Pisten sind mit Flutlicht ausgestattet, es werden Skikurse angeboten.

An den **Rodelbahnen und den fünf Skiliften in Westerheim** macht der Winter Spaß. Auch Snowboard fahren ist möglich. Wochenend- und Kinderskikurse ergänzen das Angebot.

Auch wenn Langlaufen bei Kindern nicht die ganz lauten Hurraschreie auslöst, sei an dieser Stelle erwähnt, dass fast überall, wo Wintersport auf der Alb angeboten wird, auch **Langlaufloipen** existieren.

■ **Eishalle Reutlingen:** *Rommelsbacher Straße 55, 72760 Reutlingen, Telefon (0 71 21) 37 05 80. Öffnungszeiten: Montag 13–17 Uhr, Dienstag 13–21 Uhr, Mittwoch 10–21 Uhr, Donnerstag Ruhetag, Freitag 10–21.30 Uhr, Samstag 10–22 Uhr, Sonntag 10–20 Uhr.*
➜ *www.eishalle-reutlingen.de*

■ **Skilift »Bleiche«, Beuren:** *Telefon (0 70 25) 80 05 oder 28 07.*
➜ *www.beuren.de*

■ **Wintersportarena Holzelfingen:** *Büroanschrift: Römerstraße 18, 72805 Lichtenstein, Telefon (0 71 29) 23 84. Betriebszeiten: Montag bis Freitag 13.30–21.30 Uhr, Samstag und Sonntag 9.30–21.30 Uhr, in den Schulferien und an Feiertagen 9.30–21.30 Uhr.*
➜ *www.wintersport-arena.com*

■ **Skilift »Traifelberg«, Lichtenstein:** *Telefon (0 71 29) 71. Betriebszeiten: Montag bis Freitag 14–21.30 Uhr, Samstag 10–21.30 Uhr, Sonntag 10–20 Uhr, in den Schulferien täglich 10–21.30 Uhr. Loipenkarten im Internet.*
➜ *www.skilift-traifelberg.de*

■ **Skizentrum »Pfulb«, Lenningen-Schopfloch:** *Telefon (0 70 26) 75 33. Betriebszeiten: Montag bis Freitag 14–22 Uhr, Samstag und Sonntag 10–22 Uhr. Loipenkarten im Internet.*
➜ *www.skizentrum-pfulb.de*

■ **Gut rodeln lässt es sich an vielen Orten im Biosphärengebiet.**

■ **Skilift »Mönchberg«, Bissingen-Ochsenwang:** *Telefon (0 70 26) 72 57. Betriebszeiten: Montag bis Freitag 13–22 Uhr, Wochenende 10–22 Uhr.*

■ **Hundeschlittenfahrten, Bad Urach:** *Thomas und Margit Hau, Wiesentalstraße 11, 72574 Bad Urach-Seeburg, Telefon (0 73 81) 50 00 11.*
➜ *www.schlittenhunde-fahrten.de*

Skispaß in Donnstetten: Auch im Winter hat das Biosphärengebiet viel zu bieten.

Schneeschuhwandern, Münsingen: *Infos und Anmeldung: Rita und Walter Goller, Telefon (0 73 81) 47 81.*
→ *www.muensingen.de*

Skilifte Münsingen: *Skilift »Böhm«, Telefon (0 73 81) 86 68.*
→ *www.skilifte-dottingen.de*
Skilift »Dottingen«, Telefon (0 73 81) 5 01 70 01.
Skilift »Ziegelhäuser«, Telefon (0 73 81) 93 50 00.
→ *www.muensingen.de*

Skilift »Beiwald«, St. Johann-Upfingen: *Telefon (0 71 22) 35 66.*
→ *www.skilift-beiwald.de*

Skilifte Römerstein: *Skilift »Donnstetten« in Römerstein-Donnstetten, Telefon (0 73 82) 6 09; Betriebszeiten: Montag bis Freitag 13–22 Uhr, Samstag und Sonntag 9–22 Uhr.*
→ *www-skilift-donnstetten.de*

Skilift »Salzwinkel« in Römerstein-Zainingen: *Telefon (0 73 33) 52 12. Betriebszeiten: Montag bis Freitag: 10–22 Uhr, Samstag und Sonntag 9–22 Uhr, in den Schulferien und an Feiertagen 9–22 Uhr.*
→ *www.sawinkel.de*

Rodelbahnen und Skilifte, Westerheim: *Skilifte und Rodelbahn »Halde« (4 Lifte), Telefon (0 73 33) 64 55.*
→ *www.skilift-halde.de*
Skilift und Rodelbahn »Heuberg«, Telefon (0 73 33) 68 44.
→ *www.knupfer-heuberg.de*
Skilift und Rodelbahn »Ostwang«, Telefon (0 73 33) 96 66 12.

Sachregister

(Die Zahlen verweisen auf die entsprechenden Ausflugs-Nummern in diesem Buch)

Bildnachweis

Archiv Silberburg-Verlag *55, 70*
Birgit Blessing *Titelbild, 2–16, 20–29, 33, 37, 42, 45, 53, 54, 60–68, 73–80, 86, 91, 96–105, 109–124, 128–134, 138–149*
Hermann Eberhardt *106*
Susanne Eisenreich *57, 92*
Martin Failenschmid *59*
Familienpark Westerheim *84*
Rainer Fieselmann *22, 30, 32, 38, 41, 151, 152–156*
Holger Grube *89*
Julia Krüger *34, 49*
Eugen Lehle *82, 126, 136*
Axel Prasser *51*
Schwiebi *46*
Felix Urstöger *18*

DROIT
EN POCHE

RGPD : la protection des données à caractère personnel

18 fiches pour réussir votre mise en conformité

Aurélie Banck

Gualino
une marque de Lextenso

DROIT
EN POCHE

Aurélie Banck est juriste, Responsable pédagogique du DU DPO Paris Nanterre.

Suivez-nous sur

DANGER
LE PHOTOCOPILLAGE TUE LE LIVRE

70, rue du Gouverneur Général Éboué
92131 Issy-les-Moulineaux cedex
ISBN 978-2-297-07061-4